디지로그 리얼리티

재미있는 건축모형의 세계

김진만 지음

박영사 ◆서강비즈니스북스
SOGANG BUSINESS BOOKS

건축모형산업은 매우 흥미로운 분야이다. 미래에 생겨날 상상의 공간이나 구조를 현실세계에서 정확하게 체험할 수 있도록 하는 점에서 그렇고, 가장 아날로그적인 형태의 제작물이면서도 디지털 소스와 도구 없이는 완성될 수 없다는 사실 때문에도 그렇다. 모형은 단 하나의 제품만을 위해 만들어진다는 점과 상상 이상의 정밀한 디테일이 요구된다는 점에서 예술작품으로 분류할 수도 있고, 건설 및 제조, 서비스 산업의 다양한 분야에서 활용되고 있다는 점에서는 하나의 제조 물품으로 볼 수도 있다.

우리나라의 건축모형산업은 주택건설업종의 성장과 맞물려서 꾸준히 발전해 왔다. 하지만 코로나19 팬데믹 이후 더욱 가속화된 디지털 대전환의 물결 앞에서 모형산업은 더 이상 가시적인 변화와 성장 동력을 찾지 못하고 서서히 침체해 가고 있다. 이는 현실과도 구분하기 어려운 디지털 기술의 급격한 발전 때문이기도 하지만 과거 아날로그 방식의 고객경험 추구에 대한 관성과 그것을 기초로 성장했던 경영방식에 대한 여전한 미련에 그 이유가 있다.

이 책은 두 가지 목적을 가지고 집필되었다. 첫 번째, 아직까지 우리나라에서 한 번도 시도된 적이 없는 건축모형에 대한 체계적인 개념 정리 및 모형의 산업 분류를 통해 국내에서 차지하고 있는 건축모형산업의 위상을 재조명해 보는 것이다. 두 번째, 아날로그적 방식과 사고를 통해 사업을 영위하는 국내 중소기업들이 어떠한 형태와 전략을 가지고 이 시대가 요구하는 디지털 전환을 시작해야 하는지에 대한 아이디어를 제시하기 위함이다. 이를 통해 대외적으로는 문화산업의 한 축을 차지하고 있는 비중 있는 산업으로 모형산업 분야에 대한 재평가가 이루어지고, 다른 한편으로는 모형산업에 직·간접적으로 종사하거나 미래의 직업으로 준비하는 사람들에게 모형산업의 발전 방향과 비전에 대한 긍정적인 영향을 줄 수 있으면 좋겠다는 소망을 가져본다.

건축모형 분야뿐만 아니라 다른 수많은 중소 제조업체들 또한 디지털 전환에 대한 막연한 불안감을 가지고 있을지도 모르겠다. 현재 이 책이 제시하는 첫 번째 단계별 전략은 우리 회사가 아날로그와 디지털의 어느 지점에 위치하고 있고 또 강점은 무엇인지를 파악하는 것이다. 두 번째 단계별 전략으로는 우리의 몸에 맞는 디지털 기술은 어떠한 것들이 있는지 파악하고, 우리만의 강점인 아날로그의 핵심가치를 더욱 공고히 하면서도 디지털 기술을 이용해 고객에게 최종적으로 전달하는 가치의 전달방식을 달리하는 방법으로 당장 실천해 나갈 수 있는 현실적인 대안을 제시하고자 한다.

건축모형회사를 오랜 기간 경영하고 있는 필자 또한 현재 당면한 디지털 전환의 과제 앞에서 고군분투하고 있는 중이다. 경영자의 관점에서도 이 시대에 모형산업이 궁극적으로 고객에게 제공하고자 하는 핵심가치가 어떻게 변화하고 발전될 것인지가 매우 궁금할 수밖에 없다. 이러한 궁금증에 대한 해답은 아날로그 방식과 디지털 방식을 각각 다르게 지향하고 있는 사업군의 장단점을 구분하여 분석해 보는 방식을 통해 찾아볼 수 있다. 이것이 디지털 전환을 위한 세 번째 단계별 전략이다. 결론부터 말하자면, 고객의 체험욕구와 정서적 본능은 아날로그 방식을, 편리함과 고객경험 확장의 측면에서는 디지털 방식을 유지·발전시키는 것이 가장 바람직하다고 할 수 있다. 가치의 다차원성에 대한 여러 학술연구와 최근의 사례들이 이를 뒷받침해주고 있다.

3D프린팅과 디지털 트윈, 메타버스, NFT는 미래 모형산업에 가장 큰 영향을 미칠 디지털 기반 기술들이다. 이들은 제품의 생산 방식에 있어서 절삭 가공에서 적층식 출력으로, 업무 공간의 확장성에 있어서 회사에서 가정으로, 제품 실현에 있어서 현실과 가상세계의 공간 대 공간의 영역 확장으로 궁극적 변화를 이끌 것이다. 가까운 미래에는 이러한 디지털 기술들이 지금껏 실물모형으로 체험할 수 있었던 '아날로그적인 가치'를 다양한 형태의 '디지털 가치'로 융합하는 데 중요한 매개체로 작용할 것이며, 결과적으로 모형산업 전반에 '디지로그(Digilog)' 현상을 만들어낼 것이라 예측해 본다.

2025년 1월
저자 김진만

목차

목차

PART 03   핵심은 디지로그 리얼리티

표 목차

그림 목차

그림 목차

PART 01

사람들은 잘 모르는
건축모형의 세계

CHAPTER 01
모형, 그리고 리얼리티

1. '진짜'라는 느낌을 위한 여정

2006년 5월, 국내 중견 건설사인 D-건설이 충청남도 아산 지역에 아파트를 분양하면서 모델하우스를 열었다. 모델하우스는 아파트가 지어지기 전에 입주를 원하는 소비자들이 입지, 건축디자인, 인테리어 등 각종 정보를 사전에 체험하고 확인할 수 있도록 지어진 임시 건축물로, 일종의 주택홍보관이다. 모델하우스의 하이라이트는 당연히 일정 비율로 축소해서 만들어진 건축모형이라고 할 수 있다. 모형 대부분은 눈에 가장 잘 띄는 중앙 메인 홀에 설치되어 그 중요성을 잘 보여준다.

당시 D-건설의 아산 분양은 대성공이었다. 모델하우스에 입장하기 위한 대기줄이 하루에 몇백 미터씩 이어졌고, 사람들은 모형 주위를 겹겹이 둘러싸고 많은 관심을 보였다. 그런데 건축모형을 구경하는 사람들의 반응이 다른 모델하우스와 유독 달랐다. 일반적인 고객들은 모형을 통해 단지의 형태, 동 간 거리, 학교 등 주변시설 위치 등을 확인하고 다른 공간에 조성된 평형별 인테리어 실물을 관람하러 간다. 하지만 D-건설의 모델하우스를 구경하는 사람들은 연신 감탄사를 연발하며 전시된 모형 앞을 떠날 줄 몰랐다.

"와, 정말 살아 있네!", "이거, 진짜야?", "여기 살았으면 좋겠다!"

과연 이 모델하우스에서는 무슨 일이 벌어졌던 것일까?

분양 홍보용 건축모형을 만드는 회사들은 건설사의 의뢰를 받아 축척 1/20~ 1/300 사이로 정밀하게 축소된 모형을 만들어 모델하우스 내부에 설치한다. 2000년대 초반 건축모형 회사들의 경쟁 포인트는 더 리얼하게, 더 신속하게 모형을 만들어 납품하는 것이었다. 무엇보다도 디테일은 건축모형의 생명이었다. 제작 실무자들은 '진짜보다 더 진짜 같은' 디테일을 연출하는 데 모든 역량을 쏟아 부었다. 당시 건축모형의 디테일은 회사의 생존이 걸린 문제였기 때문이다. 그런데 D-건설 모델하우스에 설치된 건축모형은 이러한 모형회사들 간의 디테일 경쟁을 넘어서는 큰 획을 긋는 계기가 되었다. 두 가지 면에서 기존 상식과 달랐다.

그림 1.1 2006년 D-건설의 충남 아산 아파트 단지 내 주민편의시설 연출모형

실제 물을 사용하여 체험요소를 극대화했다.

첫 번째로, 그동안의 다른 모형회사의 제품과는 다른 상상력과 디테일을 뛰어넘은 사실감이다. 기존 건축모형에 단지 내 조성될 수(水) 공간 및 조경과 편의시설을 1/50로 축소해 연출하면서 다른 부가적인 요소들을 더했다. 실제와 동일한 물과 정밀하게 축소되어 작동하는 분수, 그 안에 살아서 움직이는 작은 물고기, 물안개

와 숲속 냄새까지, 관람객들의 시각뿐만 아니라 청각과 후각까지도 자극하는 감성의 아이템이 더해지면서 사람들을 감동케 했다.

두 번째로 단지 내 헬스클럽, 도서관, 유치원 등 편의시설의 내부까지 직접 모형으로 재현해 연출했다는 점이다. 그동안 건설사들은 주민 편의시설에 대한 홍보를 CG 등과 같은 이미지에만 의존해 왔다. 이는 전문가를 제외한 일반 고객들로 하여금 공간의 실제 이미지를 지각하기 어렵게 하는 단점이 있었다. D-건설 모형은 이러한 점에 착안해 건축물 내부에 감추어진 주민 편의시설을 기계적 장치를 통해 건물 밖으로 돌출시켜 그 안의 디테일까지 보여주는 '작동 모형' 형태의 연출을 시도했다. 그간의 단점을 일시에 극복하게 만든 색다른 시도였고, 그동안 아무도 하지 않았던 시도였다. 이후 부동산의 성공적인 분양에 건축모형의 역할과 중요성이 더 커지게 되면서 많은 시행사와 건설사들은 이 같은 형태의 모형을 도입하게 된다. 이 사건은 이후 모형산업의 성장에 중요한 시발점이 되었다.

건축모형산업은 이후로도 많은 변화와 부침을 겪었다. 장비의 발달, 고객 요구사항의 변화, 정부 당국의 정책, 주거문화의 변화, 세계적 흐름, 팬데믹 등 자의든 타의든 끊임없는 혁신에 대한 요구와 변화의 바람 앞에 흔들리며 생존을 위한 길을 찾아 진화해 나갈 수밖에 없었다. 그런데 지금 우리 앞에 놓인 디지털 변혁이라는 과제는 어떠한가? 이제까지와는 차원이 다른 절실함과 행동이 필요한 문제임이 분명하다. 하루가 다르게 변화하는 디지털 기술과 그로 인해 더 빠르게 통합되기도 하고, 분화하기도 하는 산업 지형은 아날로그적 리얼리티와 디테일로 승부하던 건축모형산업의 근본적 경쟁방식의 변화를 요구하고 있다. 다시 말해 디지털 변혁의 파도 앞에 건축모형산업이 생존하기 위해 "어떤 부분을 어떻게, 어디까지 디지털 전환을 이루어 내야 하는가?"와 "지키고 보존해야 하는 아날로그적 가치가 있다면 그것은 무엇이며, 지금보다 더 발전시키고 강조해서 고객에게 어필해야 하는 포인트는 무엇인가?"에 대한 진지한 고민과 해법이 더욱 필요한 시기인 것이다. 다시 말해 "아날로그적 가치에 대한 이해를 바탕으로 디지털 전환을 어떻게 대응하고 수행할 것인가?"라는 과제는 이제껏 건축모형산업이 걸어온 기술혁신, 즉 단속적 혁신의 길과는 전혀 다른 새로운 전략이 필요하다는 점을 시사하고 있다.

2. 아날로그적 정서와 디지털의 확장성

건축모형은 대부분 하나의 설계에 단 하나의 제품만이 만들어진다는 점에서 예술작품과 비슷한 부분이 있다. 그런 시각으로 관련 산업계에서는 모형을 제품이 아닌 작품이라고 주장하는 사람들도 있다. 제작방식에 있어서 가공 및 조립 과정의 60~70% 정도가 사람의 수작업으로 이루어질 수밖에 없고, 자동화가 거의 불가능하기 때문에 건축모형이 작품으로 불린다고 해도 일견 타당한 이야기일 수 있다. 완성된 결과물을 보더라도 디자인된 건축물이나 주거단지 등을 최대한 정확한 사실과 데이터를 토대로 축소해서 보여주는 면에서 더욱 그렇다. 건축모형은 태생적으로 소비자의 정서와 감각에 호소하는 가장 아날로그적인 방식의 제조 산업이기 때문이다.

그러나 최근 건축모형산업의 경향은 이미 디테일 경쟁을 넘어선 지 오래이다. 고객은 모형의 형태뿐만 아니라 키오스크나 터치스크린을 통해서도 건물이나 단지에 대한 더 많은 정보를 습득할 수 있다. 또한 디지털 기기를 사용해 모형건물 내부의 모습을 입체적으로 확인할 수도 있다. 관리자가 원격으로 모형에 설치된 조명과 작동장치를 컨트롤하고, 빔 프로젝트를 활용한 영상 맵핑을 통해 모형건축물의 컬러를 변경하거나 단지 조경의 4계절을 구현하는 효과를 연출하는 것도 가능하다. 이같이 고객이 더 실감적인 체험을 할 수 있도록 도와주는 역할을 하는 디지털 기술은 모형산업에서도 점점 더 많이 활용되고 있으며, 건축모형에 대한 고객의 접근성을 높이는 데 이미 큰 역할을 담당하고 있다.

디지털 기술의 활용은 제작 방식에 있어서도 예외는 아니다. 3D프린터를 활용하여 모형의 일정 부분을 제작하거나 레이저 커팅기나 UV 인쇄기를 통해 기초 작업을 진행하는 등 시간이 갈수록 그 활용도가 높아지고 있다. 이외에도 디지털 트윈이나 메타버스, NFT 등 향후 디지털 기술과 그 확장성을 이용한 모형산업의 변화와 발전 가능성은 더 커질 수밖에 없다. 이는 모형산업이 가진 자원과 프로세스가 어느 정도의 표준화와 모듈화를 통해 디지털 전환 및 온라인 통제의 가능성을 충분히 가지고 있다는 것을 반증하는 것이기도 하다. 요컨대 그러한 표준화와 모듈화를 통한 디지털 전환과 온라인 통제는 모형산업뿐만 아니라 모든 산업에 걸쳐 디지털 변혁의 가장 중요한 과제라고도 할 수 있다.

그림 1.2 영상과 LED, 키오스크를 활용한 건축모형

하지만 디지털 변혁이 모든 것을 바꿀 것이라는 디지털 만능의 시각으로 이러한 변화들을 바라본다면 '건축모형은 조만간 사라질 운명에 처할 수밖에 없다'는 부정적 시각이 생겨날 수 있다. 언젠가는 디지털로 이루어진 가상세계에 디지털 건물을 짓고 또 다른 자아인 아바타를 통해 새로 만들어질 공간을 자유롭게 체험하게 될 것이다. 실물이 없는 디지털 세계에서도 필요한 정보를 언제 어디서나 장소를 가리지 않고 손쉽게 얻게 되는 것이다.

그렇다고 디지털화가 가능한 것들의 운명은 이미 정해진 것이 아니다. 디지털화가 진행될수록, 디지털 기술이 생산성과 편리함에 점점 더 다가갈수록, 역설적이게도 사람들은 점점 더 아날로그의 인간적이고 친숙한 면에 끌리게 된다. 특히 디지털에 노출된 시간이 많은 젊은 세대들은 더욱 아날로그와 인간중심적인 경험에 감동하고 그 감정을 갈망하고 있다. 제품이나 서비스에 대해서도 예외는 아니다.

"정서와 관련된 모든 단어가 아날로그 영역에 있었어요. 반면 디지털 영역은 모두 완벽함과 속도에 관한 단어들이었지요(David Sax)."

David Sax가 그의 저서 『The revenge of analog』에서 주장한 것처럼 고객은 더 비싸더라도 이러한 아날로그적 가치에 더 큰 돈을 지불할 의사가 얼마든지 있다. 특히 가족, 관계, 감성, 자기만족 등과 같은 단어와 관련된 소비에 대해서는 더욱 그렇다. 구매하고자 하는 제품이나 서비스의 가치가 높을수록, 희소성이 클수록, 기본적 욕구에 가까울수록 인간적인 체험, 즉 직접 보고, 만지고, 경험하는 지점에서, 힐링과 자유로운 사고 도출의 수단으로, 또한 관계 유지를 위해 아날로그가 가지고 있는 정서적 장점을 갈망하게 된다.

그림 1.3 전민규, 아날로그 카메라 필름의 귀환

더 이상 생산되지 않은 필름 카메라의 매매가는 큰 폭으로 올랐다.

출처: 월간중앙(https://cdn.m-joongang.com/news/photo/201711/20171123_4_318962.jpg)

이를 건축모형에 대입해 보자. 사람들이 집에 대해 갖는 정서는 더 특별하다. 경제활동을 하는 사람들의 단 하나의 소유 품목을 꼽으라면 단연 '보금자리'일 것이다. 집은 돌아갈 곳, 기댈 곳, 쉴 곳, 가족이 있는 곳이기 때문이다. 이는 모두 인

간 본연의 아날로그적 정서이다. 그러한 '보금자리'를 소비하는 데 있어서 디지털 세계의 영향력은 얼마나 될까? 소비자의 무의식에 존재하는 진짜가 아니라는 느낌까지 과연 디지털 기술로 해결할 수 있을까? 가족과 함께 모델하우스에 직접 방문하여 그곳에 설치된 모형을 만져보고 체험하고 미래의 보금자리를 상상하며 행복을 느끼는 감정은 가상세계에서 대체하기 어렵다. 메타버스 속에 재현된 건축공간은 간편하고 쉽게 확인할 수 있는 편리함은 있지만, 사람의 감정까지 뒤흔들기에는 역부족이다. 백번 양보하여 디지털 전환은 바꿀 수 없는 대세이고, 아날로그적 방식에 기반한 건축모형이 디지털 가상세계로 대체된다고 할지라도 똑같은 의문이 들 수밖에 없다.

기술 개발자의 입장에서도 그렇다. 인간적 정서와 감정이 풍부한 개발자가 좀 더 사실과 가까운, 다시 말해, 좀 더 인간적 공감을 자아낼 디지털 세상을 만들어낼 수 있지 않을까? 모두가 로봇과 효율이 지배하는 세상을 꿈꾸는 것이 아니라고 한다면 '인간성이라는 명제는 바로 아날로그 그 자체'이다. 디지털 세상으로 가는 과정에서 서서히 도태되어 가는 것처럼 여겨지는 아날로그에 대한 시선은 바꿀 필요가 있다. 그러한 인식을 기초로 우리는 디지털 변혁을 바라보아야 하며 무조건적인 따라하기식 디지털 전환보다는 아날로그와 디지털의 유기적 결합을 통한 시너지와 그것을 통한 새로운 기회를 발견해 내는 데 중점을 두어야 한다. 모형산업 역시 고객이 원하는 아날로그적 가치를 더 선명히 드러내는 데 도움을 주는 디지털 전환을 실현함으로써 고객에게 새로운 차원의 경험을 제공하는 데 궁극적 목적을 두어야 할 것이다.

3. 디지털 전환이 가져올 새로운 기회

서강대학교 김용진 교수는 '디지털 변혁을 위해서는 디지털 변혁 전략, 고객 인터페이스 전략, 생산 운영 시스템 구축 전략, 그리고 협력체제 구축 전략의 네 가지 영역에 대한 고민이 필요하며, 가장 중요한 것은 자신들의 비즈니스모델을 고객 관점에서 재구성하고 이를 토대로 디지털 변혁 전략을 만드는 것'이라고 이야기한다.

건축모형 산업을 이러한 관점에 대입해 보면, 우선 지금의 비즈니스모델을 고객 관점에서 재구성하고, 그러한 재구성을 토대로 앞서 말한 네 가지 차원의 디지털 변혁 전략을 만드는 것이라고 바꿔 말할 수 있다. 지금의 비즈니스모델을 고객 관점에서 재구성한다는 것은 '기업이 고객의 문제를 고객이 요구하는 시간에, 요구하는 장소에서, 요구하는 형태로 해결하기 위해 우리의 제품과 서비스를 통합된 형태로 제공하는 것'에 대한 차원 높은 고민이 필요한 일이며 모형산업만이 가지고 있는 본질에 대한 이해와 디지털 변혁에 대응하기 위한 산업적 위치분석이 선행되어야 한다.

'디스트릭트(d'strict)'라는 회사에 대한 인터뷰 기사를 읽은 적이 있다. 2004년에 설립된 이 디지털 디자인기업은 오랜 적자와 경영난에 시달리다 2021년이 되어서야 비로서 빛을 보기 시작했다. 미국 뉴욕에 선보인 'Whale #2'와 'Waterfall-NYC', 그리고 국내의 '아르떼뮤지엄' 전시는 대중의 큰 반향을 불러일으켰다. 파도로 만들어진 고래와 초대형 폭포 입체영상은 전 세계적으로 화제가 되면서 광고와 전시 기획 분야의 빠른 디지털 변혁을 이끌고 있다. 이와 같은 디스트릭트의 성공 이유가 기존의 광고디자인에 최첨단 디지털기술을 접목한 시도에만 있다고 볼 수 없다. 그들의 비즈니스모델의 본질은 바로 '소비자 감동'이다.

수많은 인파와 빌딩으로 복잡한 도심 한복판에 던져진 '폭포와 고래'는 사람들에게 신선한 충격을 주기 충분했다. 진짜 같고 살아 있는 것 같은 이미지와 그 배경은 대중의 시선을 집중시키고 '자연, 쉼, 휴식' 등 처한 환경과 정반대의 시각적 감동을 주게 된다. 디지털 변혁 비즈니스모델에서 주제 선정과 디테일이 얼마나 중요한지를 보여주는 사례라고 볼 수 있다.

이 같은 'WOW 포인트'는 건축모형이 추구하고자 하는 본질과 전혀 다르지 않다. 건축모형산업은 지금까지 소비자 감동을 위해 완성품의 디테일과 '똑같음'을 무기 삼아 발전해왔다고 해도 과언이 아니다. 하지만 디지털 변혁 시대에 소비자의 감동 포인트에 대한 기준은 더 까다로워지고 눈높이는 높아져 간다. '고객이 요구하는 시간에, 요구하는 장소에서, 요구하는 형태로'라는 대전제는 물론이고, 주제와 디테일 면에서도 새로운 감동 포인트를 만들어 디지털 변혁을 이뤄야 할 또 다른 과제가 생긴 것이다. 이 과제를 해결한다면 정체된 모형산업 시장에 새로운 기회이자 돌파구가 될 수도 있음이 분명하다.

그림 1.4   2021년 뉴욕에 선보인 파도로 이루어진 디지털 고래 영상

출처: https://www.district.com/art

'디지털 전환'은 건축모형의 형태적 한계를 극복하고 그 범위를 얼마든지 확장할 수 있는 여건을 만들어주고 있다. 이는 곧 우리가 상상할 수 있는 어떠한 형태나 공간 혹은 디자인에 대해서도 사실보다 더 사실적인 표현이 가능해질 수 있다는 것을 말한다. 건축모형의 제작 방식과 소비되는 방식에 있어서 가장 큰 장애 요소였던 시공간의 여러 제약을 극복함으로써 우리의 무한한 상상과 꿈을 '건축모형의 디지털 구현'과 '디지털의 실물 구현'의 자유로운 전환을 통해 증폭시킬 수 있을 것이다. 이러한 변화는 국경을 초월한 많은 고객에게 우리가 주고자 하는 '체험과 감동'을 어떠한 제약도 없이 선사할 수 있게 된다는 것을 의미한다. 이런 기회는 소비자에게 더 확장된 상상과 꿈을 불러일으키며 결국 인류의 다양한 행복에 긍정적으로 기여하는 선순환의 구조를 만들 것이라고 믿는다.

건축모형의 가장 큰 역할은 '누군가 꿈꾸는 상상을 우리 눈앞에 가능한 한 현실적이고 감동적으로 구현하는 것'에 있다. 건축모형이 미래 산업이며 문화산업이 될 수 있는 이유는 바로 이 건축모형이 가진 근원적 속성에 있다. 창의성과 디테일을 통해 소비자에게 감동을 주는 방식은 현재 전 세계적으로 인정받고 있는 K문화

의 DNA와도 맞닿아 있다. 우리가 가진 뛰어난 문화적 감각과 예술적 가치 표현 기법을 건축모형 산업에 녹여낼 수 있다면 이 분야에서도 세계적 리더로 충분히 나아갈 수 있을 것이다.

'메타버스'와 '3D프린팅', '디지털 트윈', 그리고 'NFT'는 "건축모형산업이 어떻게 미래 우리의 먹거리가 될 것인가?"에 대한 가장 실질적인 키워드들이다. 이 중 메타버스와 3D프린팅 그리고 디지털 트윈은 건축모형의 제작과 구현방식의 혁신을 위한 도구이며, 'NFT'는 건축모형산업 자체의 파괴적 혁신에 반드시 필요한 핵심 기술이다.

향후 건축모형은 제작 방식에 있어서 수작업을 통한 전통적 조립 제작 공정에서 3D프린팅을 활용한 적층출력 방식으로 급격히 대체될 것이다. 이러한 변화는 데이터만으로도 장소와 시간에 구애받지 않고 완성된 형태의 실물모형을 만들어 낼 수 있다는 것을 뜻하며, 결국 건축모형산업 전반의 구조변화에 큰 영향을 미칠 것이다.

반면 메타버스와 디지털 트윈은 건축모형 구현 방법의 혁신을 의미한다. 메타버스는 반드시 실물모형이 아니더라도 가상의 세계에서 만들어진 여러 형태의 건축모형을 더 자유롭게 구현할 수 있고, 실물모형에 증강현실(AR)을 입혀 표현의 범위를 무한히 확장시킬 수도 있다. 메타버스의 일종인 일상기록(Lifelogging) 기술을 건축모형에 도입한다면 맞춤형 고객서비스인 온디맨드(On-Demand) 서비스의 고도화도 가능할 것이다.

무엇보다도 건축모형의 문화산업으로의 융합과 확장의 핵심 키워드는 NFT 기술에 있다. 데이터 디자인을 통해 실물과 가상의 세계를 자유롭게 넘나들며 필요에 따라 출력과 업로드를 할 수 있으려면 '대체 불가능한 토큰'으로 불리는 NFT 기술을 필요로 한다. 이 부분은 건축모형산업이 다른 산업들과의 결합을 통해 더 넓은 범위로 확장할 수 있는 가능성으로 작용한다. 특히 문화예술산업으로의 진출 및 협업을 가능하게 한다. 건축모형에 여러 전시적 도구를 활용한 연출을 더하거나 복합적인 용도를 활용해 작가들과 콜라보하는 방식, 취미를 넘어선 작품성과 예술성의 부여는 건축모형이 제품이 아닌 작품으로서의 정체성을 갖게 될 기재로 작용할 것이다. 이러한 활동을 통해 작품으로 탄생한 건축모형은 NFT 기술을 통해 유일성이 보장된 단 하나의 예술작품으로도 탄생할 수 있는 것이다.

디지털 전환을 위한 기본전제는 우리가 지켜야 할 본질적 가치인 '인간 본성'에 주목하는 데 있다. 여기에 단계적인 하이브리드 전략으로 디지털 신기술을 접목하고 아날로그와의 융합을 통한 시너지를 찾아 나간다면 건축모형 산업의 디지털 변혁, 나아가 새로운 성장산업으로 한 단계 진화할 수 있는 가능성은 충분하다. 결국 건축모형의 역할이 디자인과 실제 건축 사이에서 "소비자가 무엇을 해결하고 싶어 하는가?"에 대한 해답을 찾는 기나긴 여정이라고 한다면 그 해답을 찾기 위한 도구로써 디지털의 여러 요소를 유기적으로 결합하여 소비자에게 더 큰 가치와 감동을 줄 수 있는 형태, 궁극적으로 아날로그와 디지털의 완벽한 결합 형태가 바로 '공간 디지털 혁명'의 결과물로서의 건축모형산업의 미래가 될 것이다.

CHAPTER 02
모형산업 들여다보기

1. 모형의 본질은 창작과 보존

'모형(model)'이라는 말은 라틴어가 어원인 'modulus(모듈)'과 계측의 의미를 갖는 'modus'의 동의어인 'modellus'에서 그 어원을 찾을 수 있다. 본래 어떤 물체나 건물 또는 지형을 사용 목적에 따라 한눈에 보기 용이하도록 크기를 줄인 것으로 인식되어 왔는데, 현대 사회의 '모형'은 좀 더 확장된 의미를 갖게 되었다. 이는 시대가 변하면서 점차 모형의 산업적 용도가 넓어지고 세분화된 것에서 이유를 찾아볼 수 있다. 모형은 최근에 이르러 제작되거나 건설되지 않은 대상의 기본 설계와 디자인 단계에서 사전제작을 위한 검토의 용도, 관찰과 실험을 통한 데이터 산출, 관람과 프레젠테이션 등을 위한 용도로 다양하게 쓰이고 있다. 특히 건축 분야의 모형은 기획설계부터 시공 이후의 단계에 이르기까지 여러 형태로 제작 및 활용되고 있으며 토목, 교육 및 문화예술 분야로까지 분야를 확장해 많은 부분에 적용되고 있다.

모형은 아직 존재하지 않는 상상 또는 구상 단계에서의 형태를 표시하거나 이미 존재하고 있는 사물에 일정한 목적성을 부여하여 기록·재현하는 것으로 창작 및 보존의 의의를 갖는다. 제작방식 변화의 관점에 의하면 모형은 '다양한 방법으로 시도된 상상과 구상의 이미지 표현의 반복된 과정 중 그러한 이미지를 모방한 결과물'로 시작하여, 모방이 다시 창작의 형태로 진화하면서 독립된 모형의 자체 형식으로서 완성되었다고 볼 수 있다.

일반적으로 학술적 의미의 모형의 범위는 더 넓게 해석되는데 '이미 존재하거나 계획된 어떤 형상의 입체적이고 사실적인 특성을 보여주기 위해 그 형상을 모방해 만든 것'으로, 설명하기를 원하는 현상이나 형상에 대한 통찰을 얻기 위해 가능한 한 이해하기 쉬운 구조 형태로 이루어져 있다고 정의한다. 그런 의미에서 모형은 그림이나 어떤 물체를 복사한 것 또는 추상화된 다른 어떠한 형태도 될 수 있다.

모형은 각 요소의 관계와 종합적 형태를 표현하기 위해 수식, 기호, 이미지 또는 전기나 장치, 도구 등이 동원되기도 하며 때로는 어떤 분야에서 이미 잘 알려진 구조와 체계를 다른 영역에 대한 통찰이나 전망을 얻기 위해 사용하는 경우도 있다. 모형은 타당하고 체계적인 이론으로 발전하기 위한 기초가 되는 도구 또는 수단이므로 근래에 와서는 산업의 발전과 확장에 따라 그 소재, 장치 등에 대한 다양한 개발까지 요구되고 있다.

실물로 제작되는 의미의 모형은 학문과 산업의 각 분야에서 고증, 전시, 교육, 홍보, 실험 등 여러 가지 실용적 측면과 예술, 장식, 취미 등을 위한 작품의 용도로 제작되는 것으로 다양하게 분류할 수 있고 완성된 결과물의 형태에 따라서 실물 크기 모형·축소 모형·확대모형으로 나눌 수 있다.

건축모형을 역사적 관점에서 살펴보면 그 발전과정을 훨씬 쉽고 빠르게 이해할 수 있다. 20세기 초기에 이르러서야 비로소 모형은 창의적인 디자인을 색다르고 개성 있게 묘사하거나 평가받기 위한 소통의 도구로써 본격적으로 활용되기 시작했다. 건축가의 디자인 과정에서의 구상과 연구의 도구로써 활용도가 점점 더 많아지게 되고, 재료와 공간에 대한 직접적인 실현이 필요해진 시기이다. 특히 축척 모형은 설계과정에서의 좀 더 확실한 의사소통의 도구로써 제 기능을 정확히 수행하게 된다.

과거 우리나라에서 예술 분야 또는 단순 취미의 형태로 존재했던 '모형'은 1990년대 이후 건설과 문화산업 부문의 투자와 붐을 통해 '모형산업'으로 발전했다. 이후 전시 분야와 건설 산업의 중요한 축으로 점차 인정받으면서 지속적인 성장이 이루어졌다.

하지만 아직까지 일반인들이 '모형'에 대해 인식하는 수준은 과거의 예술 또는 취미활동 영역에 그대로 머물러 있다. 단순히 건설 분야를 통해 이루어지는 건축모형 제작을 주 사업으로 영위하는 회사만 하더라도 2024년 기준 우리나라에 이미 80여 개가 넘는 회사에서 1만여 명 이상의 관련 인력들이 생산 현장에서 일하고 있음에도 불구하고 말이다. 여기에 포함되지 않은 연출모형이나 전시 부분, 교육 관련 부분까지 범위를 확장한다면 그 범위는 10배 이상으로 넓어질 것이다.

예술 또는 취미활동을 벗어나서 정밀제품으로의 산업모형, 예술작품의 한 분야인 작품모형, 새로운 문화를 만들어 낼 가능성이 큰 멀티미디어 모형이 우리의 실생활뿐만 아니라 향후 산업 전반에 미치는 영향은 앞으로 점점 더 확장될 것이 분명하다. 따라서 '모형산업'은 이제라도 우리나라 제조 및 서비스 산업의 한 분야로 새로운 지위를 가져야 한다. 그렇게 하기 위해서라도 모형산업 분야는 산업모형, 작품모형, 멀티미디어 모형의 세 가지 큰 틀로 바라보아야 하고, 이 기준을 토대로 향후 미래 산업으로의 새로운 확장 가능성을 위한 도전을 시도해야 한다.

2. 기원전부터 모형은 필요했고 존재했다

기원전~중세시대(~13c)

현대적 의미의 '모형'을 의미하는 최초의 기록은 역사가 히르도토스(Herodotus)의 언급으로 기원전 5세기로 추정된다. 반면 실체로 발견된 최초의 모형은 현재 메트로폴리탄 박물관에 전시되어 있는 4,000년 전 테베신전 출토 모형으로 볼 수 있다. 인류는 고대로부터 필요와 상황에 따라 수많은 모형을 만들어 왔고, 이후 14세기에 이르기까지 모형은 사후 세계를 상징하거나 점령국에 대한 기념, 교회에 대한 기부의 상징 등 기념비적이고 상징적 의미의 형체로서 자주 활용되었다.

모형이 상징이나 기념물로 주로 사용된 것은 그 시대에 건축은 기능의 발달에 따른 결과물이고, 이를 표현할 수 있는 설계나 디자인 등 평면적인 표현 도구가 개발되지 못했기 때문일 것이다.

그림 1.5 기원전 4,000년경 테베신전 출토 모형(뉴욕 메트로폴리탄 박물관)

르네상스 시대(14~17세기)

르네상스 시대에 접어들면서 건축가들은 자주 모형을 만들어 활용하기 시작했다. 이들은 주로 디자인을 위한 목적과 고객 또는 건축가들 간의 상호소통을 위한 방법으로 축척 모형을 활용했다. 과거의 고딕형태의 건축들과는 달라진 이 시기는 참고할 수 있는 건축 양식이나 형태가 많지 않았다. 따라서 건축가들은 그리스와 로마 양식을 인용하여 디자인한 건축 형태의 실현 가능성을 테스트하기 위해 일종의 설계모형을 만들었고 때때로 실제 건축에서 사용하는 원재료들을 이용하여 모형을 제작하기도 했다.

15세기 이탈리아 피렌체에서 진행되던 산타 마리아 대성당의 돔 공사를 위한 설계 공모에서 건축가 브루넬레스키의 '피렌체 성당 설계안'이 당선되었고 이를 1:13 축척으로 표현한 모형이 현재 존재한다.

그림 1.6   1418년 브루넬레스키가 설계안으로 제출한 피렌체 성당 돔 모형

이후 건축모형의 활용은 점차 늘어났다. 15세기 세인트 마클로(St. Maclou) 교회 모형과 레겐스부르크(Regensburg)에 있는 쉔 마리아(Schone Maria) 교회 모형, 18세기 피어체 하일리겐(Vierzehn heiligen)에 있는 바자르 뉴만(Balthasar Neumann)의 순례교회 모형 등의 사례를 볼 때 건축에 있어서 모형이 설계 묘사와 디자인 발전의 주요 도구로 인식·발전되어 왔다는 것을 확인할 수 있다.

이 당시 새로운 형태의 건축모형 제작 사례도 찾아볼 수 있는데, 런던에 있는 세인트 폴(St. Paul) 대성당은 1:17 축척의 대형 모형으로 설계의 설명이나 디자인을 위한 목적이 아닌 발주자 또는 고객의 이익을 위한 건축모형 형태로 보여진다. 이 모형은 1670년대 크리스토퍼 렌(Christopher Wren)이 제작했고, 이후 18세기 이전까지 활용됐다.

그림 1.7   1673년 제작된 세인트 폴 대성당의 드로잉과 1:17 축척의 건축모형

　14세기 중반에서 바우하우스에 이르기까지 모형의 대중적 활용은 비교적 제한적이었는데 그 이유는 설계과정에서 모형이 갖는 가치와 위상이 이 시기까지는 제대로 확립되지 못했기 때문이다.

　정확한 도면의 형태 없이 구두나 스케치의 방식으로 소통하던 시대에서 전문적인 도면의 등장은 건축모형의 인식을 달라지게 하기에 충분했다. 형식과 대중성을 갖춘 설계도면의 출현으로 건축 분야의 디자인 과정은 보다 전문화되고, 이를 통한 건축모형 제작 역시 숙련된 장인이 맡는 전문 분야로 분할되기 시작한다.

　건축가가 디자인 정보의 공유와 소통의 목적을 위해 설계도면과 건축모형을 점점 함께 사용하게 되면서 설계도면을 통한 디자인의 표현은 모형제작보다 더 상위의 지적 지위로 인식된다. 그러한 인식의 확산 때문에 그 시대의 건축 관련 논문들의 주요 초점은 드로잉이었고, 이는 건축가의 특수 영역이자 건축적 의도를 전달하기 위한 가장 중요한 수단으로 굳어지게 된다. 더욱이 드로잉이 추상적인 그들만의 표현들로 기호화되면서 지적 작업으로서의 설계와 기능적 작업으로써의 모형은 더 명확하게 분리되었다.

　결국 이 시기의 건축모형은 후원자나 시공자들에게 건축가의 좀 더 정확한 의도와 디자인의 전달 매체로써의 역할이 더욱 강해지며 점차 드로잉의 부가적인 지위를 갖게 된다.

　이러한 배경 속에서 르네상스를 대표하는 이탈리아의 건축가이자 철학자인 레

온 바티스타 알베르티(L. B. Alberti)는 건축모형의 역할에 대해 "건축적 표현만이 아닌 공간의 구축 이후에 좋은 디자인을 확인하기 위한 수단과 방식으로 검토되어야 하므로 모형은 더 정교하고 면밀하게 고려되어야 한다."라고 주장하면서, 건축모형의 실용적인 면과 사회적 파급효과에 대해 최초의 주장을 펴게 된다.

하지만 이러한 알베르티의 선구자적인 주장에도 불구하고 설계에 의한 표현의 또 다른 형태인 투시도가 발전과 활용으로 건축모형의 역할에 대한 평가는 아직까지 별다른 호응을 얻지 못한다. 아울러 이 시기 프랑스 파리 아카데미와 같은 교육 기관에서 더욱 체계적이고 전문적인 드로잉 수련 기회가 제공되면서 모형의 역할과 위상에 대한 인식은 이전보다 낮아졌다고 할 수 있다.

그림 1.8 르네상스 시대의 대표적 건축가이자 철학자인 레온 바티스타 알베르티(L. B. Alberti)와 그의 건축 작품

18~19세기

1816년에 설립된 프랑스의 건축 및 미술학교인 '에콜 데 보자르(Ecole des Beaux)'에서 활동한 건축가들은 그리스, 로마에서 유래된 건축양식을 기초로 공부했다. 건축과 관련한 연구는 이를 근거로 과거의 건축양식은 여러 가지 건축 목적에 따라 다양한 구성 요소들로 분화되는 것으로 판단했다. 이후 19세기 말 신고전주의에 영향을 받은 새로운 건축 형식이 등장하게 되어서야 비로소 과거의 고전주의

적 사고에 바탕을 둔 인식에 균열이 생기기 시작한다.

'에콜 데 보자르'의 교과과정에서 건축모형은 일반적인 드로잉의 형태들인 단면, 입면, 평면, 투시도의 정확한 전달과 보존, 혹은 전시를 더 편리하게 하기 위한 목적으로 주로 활용되었다. 다만 18세기 말 신고전주의자들의 의도적 무관심은 건축모형의 발전을 저해하는 요소가 된다. 반면 드로잉 방식은 '에콜 데 보자르' 교육과정의 가장 중요한 주제 중 하나였고 따라서 이 시기까지도 모형은 기존의 형태를 벗어나는 새로운 분화와 성장은 어려울 수밖에 없었다.

결국 이 시대 건축이라는 것은 과거 르네상스 시대의 시각에서 예술의 상위 인식 대상인 글, 음악과 동일한 표기 방식의 형태로 '종이'라는 매개체 위에서만 이루어지는, 그저 학문적으로 순수하게 포장된 디자인 방식, 그 이상도 그 이하도 아니었던 것이다.

이들의 엘리트주의는 드로잉의 커다란 한계인 2차원적 특성과 모호함이라는 단점에도 감추게 하고 오히려 정교함만을 부각시켜 건축모형의 필요성을 억압하는 현상을 주도하게 된다. 이러한 현상들은 실업과 공업 분야의 전문대학이 설립되기 시작한 18세기 말까지 이어지며 전문기술인 양성과 실무적 목적으로 공예를 전공하는 학생들이나 빌딩 판매를 직업으로 하는 일반인들을 대상으로 하는 단순 '기능적 과정'의 형태로 쭉 이어지게 하는 계기가 된다.

그림 1.9   파리에 위치한 에꼴 데 보자르 예술학교 전경

20세기 초·중반

1919년 독일 바이마르에 설립된 바우하우스를 통해 건축모형은 건축설계에 있어서 실질적이고 효과적인 디자인 도구로써의 위상을 확립하게 된다. 발터 그로피우스(Walter Gropius)에 의해 설립된 '건축의 집'이라는 뜻을 지닌 바우하우스는 "모든 창조 활동의 궁극적인 목적은 건축이다."라는 선언을 통해 그들의 정체성을 선포하고, 20세기 이후 현대건축과 디자인의 확립에 많은 영향을 미치는 중요한 위치를 차지하게 된다.

그림 1.10 바우하우스의 설립 및 교육자였던 발터 그로피우스, 색채 담당 요하네스 이텐, 공예와 기계를 우선한 라슬로 모홀리나지

건축모형 분야는 바우하우스의 설립 초기부터 약 10년 동안 정규적인 교육과정으로 자리 잡지는 못했으나, 색채를 담당했던 교육자인 요하네스 이텐(Johannes Itten)에 의해 바우하우스의 기초과정이었던 폭쿠르스(Vorkurs) 과정에 처음 도입된다.[1] 요하네스 이텐은 바우하우스나 다른 교육기관에서 그동안 관행처럼 여겨졌던 아틀리에의 전통을 깨고 '워크숍'이라는 새로운 교육프로그램의 개설로 이를 대체하고 6개월간의 교육과정으로 운영하기 시작했다.

---

1   바우하우스 신입생들의 6개월 예비학습과정으로, 이 과정을 수료한 학생들에게 실습 위주의 3년 과정 교육이 진행되었다.

이후 바우하우스의 기초교육 시간의 50% 정도는 공예와 건축모형의 교육 및 제작에 사용되었는데 특히 요하네스 이텐이 물러난 이후 1923년 라슬로 모홀리나지가 책임자로 부임하면서 추상적, 예술적 학문보다는 현실의 산업과 연계하고 비용을 중요한 하나의 요소로 보아 이를 이루기 위한 수단 중의 하나로 모형을 적극적으로 활용하기 시작한 것이다. 특히 스케일 모형은 이 시기부터 실제 건축설계에 많은 부분을 활용하기 시작했다. 그 이전까지만 해도 요하네스 이텐이 교육한 건축모형의 개념은 조각과 건축 사이에서 명확히 구분된 것이라고 보기는 어려웠던 것이다.

이러한 시기를 거쳐 마침내 1930년 바우하우스의 교장을 맡은 미스 반 데어 로에(Mies van der Rohe)를 통해 바우하우스는 건축학교의 전형으로 알려지게 된다. 그리고 1933년 베를린에 이르러서 바우하우스는 20세기의 가장 명망 있는 디자인 및 건축학교로 불리게 된다. 그러한 명성을 얻게 된 가장 큰 이유는 6개월간의 예비교육 방식과 현실에서의 실현 가치를 우선한 건축모형의 적극적 장려였다.

바우하우스에서 교육자로 근무하다 1937년 미국의 하버드로 직장을 옮긴 발터 그로피우스는 마르셀 브로이어(Marcel Breuer), 미스 반 데어 로에(Mies van der Rohe)와 함께 현재의 IIT(뉴 바우하우스)의 전신으로 불리는 아무르(Armour Institute of Techonlogy)의 건축과 관련된 교육을 담당하게 되고 이는 건축모형이 더 확산되는 계기로 작용하게 된다.

20세기 중반에 들어서면서 바우하우스에 많은 영향을 받은 건축가와 교수들이 하버드, MIT, 블랙 마운틴 칼리지 등에서 강의를 하게 되고 바우하우스와 이들 대학 간의 교류가 자연스럽게 늘게 되었다. 그 이후 점차 모형작업이 관련 학과의 1학년 정규 수업의 기본과정으로 자리 잡게 되면서 모형에 대한 인식 수준도 이와 함께 크게 개선되는 계기로 작용한다. 하지만 20세기 중반에 이르러서도 다른 많은 교육기관들은 과거의 에꼴 데 보자르 시스템을 여전히 유지하고 있었다. 이 때문에 1960년대에 이르러서까지도 모형제작은 보편적인 방식이라고 할 수는 없었다. 이때의 건축 관련 과정에 속한 학생들은 최종 프로젝트를 위한 부수적인 정보 제공의 도구로 건축모형을 제작했으며, 대부분은 아마추어적인 구획 모형(지형 범위 내에서의 건축물 모형)이거나 설계에 있어서 구조적 난관에 대한 해결책을 제시하기 위한 구조모형에 불과했다. 번뜩이는 건축적 지식과 아이디어를 담아내고 설계와 디자인의 사유와 이론적 확장을 담아 만들어지는 오늘날과 같은 개념의 축척모형은 당시까지도 일반적인 형태는 아니었다. 설계만을 전문으로 하는 회사에서 고객의 허락을 받기 위해서나 현상공모를 위한 제출용 모형을 만들기 시작했지만, 여전히 모형은 비용이 많이 드는 보조적 수단으로 인식되고 있었던 것이다.

1969년 필립 존슨(Philip Johnson)이 총괄한 MoMA 전시는 건축모형에 대한 큰 전환을 이끈 계기로 작용하게 된다. 뉴욕의 모던아트 뮤지엄 건축부의 책임자였던 존슨은 미스(Mies)와 함께 지속적으로 바우하우스를 홍보했는데, 이는 존슨이 영향 받은 폭쿠르스에 의한 것이었다. 이 뮤지엄을 통해 전시되었던 여러 건축모형들은 점차 건축가들 사이에서 유명세를 타며 국제적 표준양식처럼 평가받게 된다.

뉴욕의 모더니즘 5인방으로 불리는 '마이클 그레이브스(Michael Graves), 찰스 과스메이(Charles Gwathmey), 존 헤이덕(John Hejdek), 리처드 마이어(Richard Meier), 그리고 피터 아이젠만(Peter Eisenman)은 시각적 효과를 극대화하는 방식의 하나로 스케일 모형 위주의 전시에 집중했고, 그들 건축의 구조와 배치를 이론적으로 증명하고 그 과정을 눈으로 보여주는 데 포커스를 맞추었다. 이러한 전시를 통해 바우하우스부터 이어져 왔던 건축모형의 역할과 지위에 대한 인식은 비로소 가시적인 큰 변화를 가져오게 된다.

그림 1.11 건축모형의 지위를 향상시키는 데 일조한 필립 존슨(Philip Johnson)

20세기 후반

무엇보다도 모형의 발전과 활용에 있어서 가장 큰 변화의 시작이라고 할 수 있는 계기는 모델링 소프트웨어의 개발과 발전이라고 할 수 있다. 최초의 프로그램인 'Form-Z'는 미국 오하이오 주립대학 교수인 '크리스 예시오스(Chris Yessios)'에 의해 개발되었는데, 1989년 이후부터 이 프로그램은 건축 및 설계시장의 획기적인 변화를 불러일으켰다. 이전까지 통용된 설계 프로그램인 CAD는 높은 사양의 컴퓨터가 요구되는 상당히 무거운 프로그램이었으나, 좌표 정보의 입력으로 편집을 단순하게 적용하는 Form-Z의 등장은 기존의 수작업과 CAD에 의존하던 드로잉 작업을 디지털 방식의 작업으로 빠르게 변화시켰다. Form-Z는 설계에 있어서 가상의 공간 차원을 동시에 디자인할 수 있도록 도와주었고, 이를 통해 설계의 효율성이 향상되었을 뿐 아니라 건축모형의 제작에 있어서도 많은 변화를 이끌게 된다.

그림 1.12   존 헤이덕의 '월 하우스' 모형

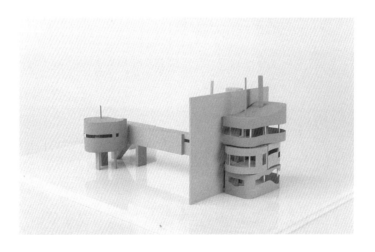

Form-Z는 건축가들이 화면상으로 설계 대상의 투시도 형태의 이미지를 자유롭게 볼 수 있게 만들었고, 여기에 빛을 가정하고 표면에 그림자를 대입하여조정할 수 있게 함으로써 3차원 공간을 보는듯한 효과로 실제 스케일 모형과 같은 사실적

인 형태의 이미지를 제공한다. 이는 모형이 아닌 드로잉만으로도 어느 정도 건물의 완성된 모습을 더 구체적으로 확인할 수 있게 만들고, 설계자는 프로그램 안에서 건축모형을 1:1 스케일로 구현할 수 있었으므로 시간과 장소에 영향을 받지 않는 디지털 형태의 가상모형은 매우 효과적인 소통 도구로 쓰이게 된다. 하지만 디지털로 구현된 가상모형에는 큰 약점이 있었다. 일반인들에게 디지털모형은 실물모형보다 해석이 더 어려운 전문가들의 언어로만 읽혔기 때문이다. 결국 시간이 지나면서 일반인이 대부분인 클라이언트에게 건축물의 디자인 의도를 제대로 전달하기 위해서는 일정 비율로 축소한 실물모형을 보여주는 것이 더 효과적이라는 것이 명확해졌고 흥미를 끌고 감성을 자극하는 요소로써 실물모형의 영향력은 역설적이게도 이후 더 큰 존재감을 과시하게 된다. 결과적으로 Form-Z는 실물건축모형의 제작과 활용, 그리고 검증에 가장 큰 도움을 줌으로써 상호보완적이면서도 상승작용을 할 수 있도록 돕는 가장 큰 역할을 하게 된다.

비교적 최근 등장한 AI와 3D프린터, 레이저조각기 등 소프트웨어와 관련 하드웨어의 급속한 발달은 모형이 건축 분야 이외의 다양한 산업영역으로 확대될 수 있도록 무한한 동력을 제공하고 있다. 이 동력은 일부 모형분야가 전문가의 영역을 벗어나 일반 대중들의 취미 대상이 되게 하기도 한다.

3. 모형의 분류와 산업적 활용 양상

오늘날 우리는 흔하게 전시관이나 아파트 견본주택에서 여러 형태의 모형을 관람할 수 있다. 수요와 공급의 법칙에 의해 제조, 국방, 서비스산업의 각 분야에서 지금도 다양한 형태의 모형들이 수없이 많이 제작 혹은 창작되고 있다. 정밀성과 작품성을 기준으로 보더라도 전통 자개장을 만들거나 도자기를 빚는 것처럼 모형은 예술의 한 분야로서 이미 더 넓게 그 가치를 인정받고 있다. 또한 국제무대에서도 우리만의 특별한 디테일 표현과 디지털과의 접목, 그리고 문화적 독창성이 더해져 미주나 중앙아시아 등 점차 세계시장으로 진출하고 있는 잠재력을 과시하고 있다. 이러한 여러 가지 상황을 비추어 볼 때 건축모형산업은 그리 머지않아 연간 수십억 달러 이상의 외화를 벌어들일 수 있는 보고가 될 수 있을 것으로 판단된다. 그럼에도 불구하고 건축모형산업이 설계나 건축, 또는 전시의 2차적이고 보조적인 분야라는 과거에서 비롯된 인식은 새로운 가치 창출에 방해가 되는 요인일 것이다.

건설 및 부동산은 우리나라 산업에서 고용과 경제성장에 있어 11% 이상을 차지할 정도로 없어서는 안 될 매우 중요한 산업 부문이다. 이러한 건설 및 부동산 분야와 밀접한 관련이 있는 모형산업은 최근 10여 년간 빠르게 확장하고 있는 성장산업이며, 건설 분야만이 아니라 교육, 놀이, 취미, 문화생활에 이르기까지 우리 삶의 많은 부분과 점점 더 깊이 연관되고 있다. 또한 최근 메타버스 열풍과 NFT의 확장세와 맞물려 실물과 가상세계, 그리고 각 산업에서 활용할 수 있는 모형에 대한 영역과 경계, 확장된 개념에 대한 새로운 시각의 정립 필요성이 더욱 커지고 있다. 이와 더불어 사회 전반의 변화를 빠르게 이끌어 가는 4차 산업혁명이 향후 모형산업의 미래에 어떠한 영향을 미칠지에 대해 정확한 예측과 면밀한 대비가 더욱 중요해진 시기라고 할 수 있다.

건축모형의 형태, 그리고 제작방식과 도구는 그리 길지 않은 우리나라 건축모형 산업의 역사와 함께 많은 변화와 부침이 있었다. 특히 우리나라는 건설경기와 아파트 붐, 정부의 주택정책의 방향에 따라 건축모형 산업의 발전과 쇠퇴가 거듭되었다고 볼 수 있다. 그럼에도 불구하고 건축모형산업은 위기의 시기마다 혁신을 거듭하며 빠르게 대응해 왔다. 핸드메이드 방식에서 CNC 장비를 이용한 방식, 그 이후 레이저조각기의 활용, 최근 많이 활용되는 3D프린팅 장비와 UV프린팅 장비에 이르기까지 변화에 순응하며 꾸준한 모형제작기술의 발전을 이루어 왔다. 이러한 기술과 경험의 축적을 통해 지역모형, 세대모형, 테마모형 등 다른 나라에서는 찾아볼 수 없는 독특한 모형용도의 수평적, 수직적 확장이 이루어지게 된다. 구현방식에 있어서도 단순히 과거의 정교함과 정밀성뿐 아니라 음향, 영상, 작동장치, LED, 디스플레이 등의 다양한 외부 요소들을 활용해 예술적 감동과 산업적 가치를 함께 끌어 올리는 성과도 이루어지고 있다.

이러한 가시적 성과에 걸맞지 않게 학계 차원에서 건축모형에 대한 용어정리와 분류는 아직까지 제대로 이루어지지 않고 있다. 건축모형의 산업적 활용과 여러 산업에 미치는 영향을 알기 위해서는 건축모형의 종류와 필요에 의한 분류 그리고 산업현장에서 사용되는 용어정리가 우선되어야 할 필요가 있다.

건축모형은 먼저 그 표현 크기인 축척에 따라 실물보다 더 작게 제작하는 축소

모형, 실물과 같은 크기로 제작하는 실물 크기 모형, 그리고 실물보다 더 크게 제작하는 확대 모형으로 구분할 수 있으며 제작 목적에 따라서는 더 세분화된 분류가 가능하다. 건축설계모형, 구조모형, 목업, 교육형 모형 등이 여기에 해당한다. 다음에서는 산업현장에서 사용되는 모형에 대한 개념과 용어를 기준으로 큰 틀에서의 분류를 시도해 보고자 한다.

축척에 의한 분류[축소 모형, 1:1 모형, 확대 모형]

축소 모형

축소 모형은 도시계획이나 아파트 단지, 대형 항공기나 선박과 같이 규모가 큰 공간이나 실체를 실물보다 더 작게 제작한 모형을 통칭하여 일컫는다. 전시되는 공간의 크기나 전시 목적에 따라 축척은 다양하게 적용되는데, 건축, 제조, 서비스 등 전 산업의 영역에서 가장 많이 활용되는 모형의 분야라고 할 수 있다. 대부분의 상업용 건축모형은 축소 모형 형태로 제작되며 산업의 영역에서는 일반적으로 축척 1/10~1/5,000 크기까지 활용목적에 따라 다양하다.

| 그림 1.13 | 대전 도안신도시 도시계획 축소 모형 |

실물 크기 모형

실물 크기 모형은 실제 크기의 현존하거나 디자인된 사물 또는 이미지를 필요와 목적에 의해 실물과 같은 크기로 제작하는 모형을 말한다. 제조업에서 제품을 출시하기 전, 디자인 평가를 위해 실물 크기의 모형을 제작하는데 정적 모형을 일컫는 '목업(Mock-up)'이 이에 해당한다. 이밖에 박물관에서 전시 용도로 많이 사용되는 유물의 복제 또는 복원모형과 교육 또는 실습의 목적을 위해 주로 만들어지는 항공우주 관련 모형, 의류 산업의 용도로 주로 쓰이는 마네킹, 자동차 충돌 실험의 데이터 수집용으로 쓰이는 '더미' 등도 실물 크기 모형으로 구분할 수 있다. 실물 크기 모형은 최근 교육의 목적으로 많이 활용되고 있는데, 항공기나 선박, 우주선 등의 일부를 모형으로 제작하여 긴급 상황 발생 시 승무원들의 행동 요령과 대비방안을 훈련하는 목적으로 주로 제작된다. 최근 가상 시뮬레이션 프로그램의 발전으로 운전면허 훈련이나 레저용으로도 활용되고 있다.

| 그림 1.14 | 실물 크기의 모노레일 안전 체험 모형 |

확대 모형

확대 모형은 표현하고자 하는 제품 또는 이미지의 크기를 1:1의 크기보다 더 크게 확대한 모형이다. 의료 또는 학술적 목적으로 주로 쓰이는 인체구조모형이나 원자구조, 세포구조 또는 과학관에서 주로 사용되는 각종 교육 실습용 모형이 여기 해당한다. 전시관에서 많이 활용되는 공룡모형이나 테마파크나 놀이공원에 많이 설치되는 동물이나 곤충 조형물 등도 예로 들 수 있다.

그림 1.15   곡성에 설치한 잠자리 확대 모형

그림 1.16   건축모형의 축척에 의한 분류

사용 목적에 의한 모형의 분류

크게는 학문이나 산업의 각 분야에서 실험·전시·교육·홍보·고증 등의 다양한 용도를 가진 실용적인 모형과 장식물, 또는 제작과정 자체를 즐기는 사람들의 취미 대상이 되는 모형으로 나누어 볼 수 있다. 산업현장에서 많이 쓰이는 모형의 기준으로는 건축설계의 정확성과 안정성, 디자인을 유추하고 직관적으로 판단하기 위한 설계모형, 토목이나 건축물을 축소하여 제작하는 건축모형, 전시나 관람용으로 주로 활용되는 연출모형, 산업용 목업, 데이터 산출을 주목적으로 하는 엔지니어링 모형 등으로 구분할 수 있다.

설계모형

건축물 또는 구조물 설계의 타당성, 구조적 안정성, 심미적 아름다움, 배치의 적정성 등을 종합적으로 판단하기 위해 제작되는 모형을 말하며, 보통 설계사무실이나 건설회사에서 제작한다. 원하는 사업의 참여를 목적으로 현상설계공모에 설계도서와 함께 제출하는 용도와 클라이언트에게 설계에 대한 이해를 구하기 위한 용도로 가장 많이 사용된다. 또한 설계모형은 대규모 건설 사업에서 교량이나 댐의 설계상의 안정성이나 도시개발의 도로나 공원 등의 적절한 위치와 배치를 확인하는 등 설계의 확정을 위해 제작이 이루어지기도 한다.

그림 1.17 투르크메니스탄 공공건축 설계모형

이러한 설계모형의 형태 중 내부 구조를 보여주는 모형을 구조모형이라고 하는데 보통 설계의 검토와 전시 목적으로 구분되어 제작된다. 설계검토의 구조모형은 실물모형 제작을 생략하고 컴퓨터를 통해 가상의 형태로 확인하기도 한다.

그림 1.18 아파트 바닥 구조모형

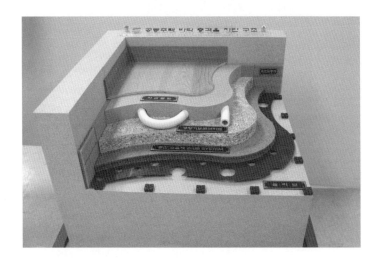

연출모형

연출모형은 흔히 전시모형이라고도 말하며 일반적으로 전시의 목적으로 많이 사용된다. 연출 의도가 비교적 명확하며 연출되는 내용에 따라 그에 맞는 명칭으로 바뀌어 불릴 수 있다. 대체로 현재의 시점에 존재하기 힘들거나 과거의 역사적 사실, 미래에 대한 상상의 어떤 한 부분을 의도와 목적을 가지고 실감 나게 표현한 모형을 말한다. 예를 들어 우주선 발사 장면을 모형으로 표현하고자 할 때 의도된 연출 의지에 따라 발사 순간의 화염과 떠오르는 순간 장면을 포착하여 제작할 수도 있다. 이 모형을 명명하자면 '우주선 발사순간 연출모형'이라고 할 수 있다. 흔히 '디오라마'나 '미니어처'라고도 불리며 영상이나 디지털적 요소와 접목하여 더 입체적인 효과를 구현하는 추세이다.

그림 1.19   1960년대 교실 모습 연출모형

목업(Mock-up)

목업(Mock-up)은 제조업 분야에서 주로 활용되는데, 생산 또는 양산하고자 하는 제품의 디자인과 형태, 생산의 용이성, 완성도의 유무 등을 미리 검토하기 위해 주로 만들어진다. 대부분 실물 크기의 모형이 많다.

그림 1.20   보일러 배관 목업

단순히 크기나 형태를 검토하기 위해 만드는 목업을 소프트 목업이라 하고 색상이나 모양의 디자인적인 부분을 좀 더 세밀하게 검토하기 위해 제작하는 모형을 콘셉트 목업이라고 한다. 실제 제품과 거의 동일하게 기능적인 부분까지 작동하도록 만든 목업은 워킹 목업이라고 부른다. 과거에는 목업을 수작업이나 밀링, 선반 등의 공구를 사용하여 주로 제작하였으나 근래에는 CNC나 레이저절삭기를 사용하여 제작하고 있으며 최근 3D프린터 장비의 도입으로 더 쉽고 저렴하게 목업을 제작할 수 있게 되었다.

엔지니어링 모형

엔지니어링의 사전적 의미는 작업이나 제조과정을 의미하지만, 모형 분야에서는 실험을 통해 어떠한 수치나 데이터를 얻어내기 위한 목적으로 제작된 모형을 일컬으며 '실험모형'이라고도 한다.

그림 1.21 무인잠수정 해미래 탐사선 수중 팔 작동시연 엔지니어링 모형

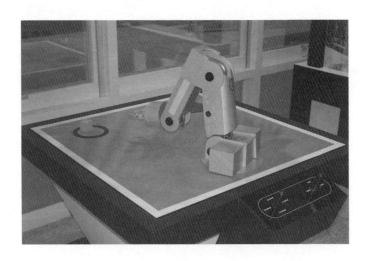

진동실험·풍동실험·수리실험 등 건축물이나 토목구조물을 건설하기 전에 각종 환경적인 요인을 사전에 점검해보기 위해 제작되는 모형과 방위산업·우주산업·정밀기계 등의 공학적인 특성과 여러 계측 데이터를 얻기 위해 사전에 제작되는 모형들이 여기 포함된다. 이 중 댐이나 보를 건설하기 전에 축소된 모형을 만들고 일정한 양의 물을 가두거나 흘려보내면서 압력과 유속의 변화를 측정하는 모형을 '수리실험모형'이라고 하며, 고층 건축물을 시공하기 전에 바람의 변화와 풍속에 따라 건물의 흔들림을 측정하는 모형을 '풍동실험모형'이라고 부른다. 전투기 모형의 날개에 센서를 달고 인위적인 고도와 속도를 설정하여 그 수치를 측정하기도 하고, 구축함 모형에 부착한 소나돔 센서를 통해 인공수조에서 반사값을 측정하는 등 주로 대형 국책사업기관과 국방과학 관련 기관 등의 의뢰에 의한 제작이 많이 이루어진다.

전시모형

전시모형이란 각종 박물관·전시관·과학관·기념관 등에 전시되는 모형을 일컫는데 실물을 복원 또는 축소하여 전시하거나 관람객들이 이해하고 체험할 수 있도록 전시 목적에 따라 연출 또는 변형된 형태의 제작이 이루어지기도 한다. 특히 박물관과 전시관 등에는 복원모형이 많이 사용되고 있는데, 이는 대체로 역사적 가치가 있는 유물들을 여러 학자들의 고증을 거쳐 현실에 재현하는 것이다.

그림 1.22   신기전 전시(복원)모형

유물 훼손을 방지하기 위해 진품 외 복제품을 전시하는 경우, 여러 개의 복제품이 필요한 경우에도 유용하다. 이외에도 과학관·체험관 등에서 각종 구조 및 원리를 설명하고 직접 체험할 수 있는 도구 및 장치들을 모형으로 제작하여 사용하기도 한다. 전시의 목적과 관람객의 나이와 수준은 전시모형 제작을 위한 고려 요소가 되기도 한다. 영상과 작동장치 그리고 음향시설 등 다양한 전시기법을 통해 전시효과를 극대화하는 경우가 많으며 디오라마와 전통건축모형, 유물복원모형 등이 이에 해당된다.

교육용 모형

교육용 모형은 별도의 시장이 형성되어 있다고 보기는 어려울 수 있으나 학교 및 기타 교육기관에서 학생 교육의 목적으로 활용되고 있는 모형을 통칭할 수 있다. 인체모형이나 건축구조모형·토목구조모형·소방실습용 모형 등의 종류가 있다. 과학관에 설치되는 실험모형도 교육용 모형으로 분류할 수 있다. 최근에는 각 교육기관에 3D프린터가 보급되어 필요에 따라 직접 제작하여 사용하기도 한다.

그림 1.23   토목(교량철골)구조 교육모형

창작모형

'키덜트족'이라는 신조어가 있다. 어린아이를 뜻하는 '키드(kid)'와 성인을 뜻하는 '어덜트(adult)'의 합성어로 아이들의 취미로만 여겨지던 프라모델과 레고 조립에 취미를 갖고 상당한 열정과 시간을 할애하는 부류를 뜻한다. 진지한 것보다 가볍고 예쁘면서도 재미있는 것을 추구하는 사회 경향과 맞물려 키덜트족의 수는 꾸준히 증가하고 있다. 키덜트족이 집착하는 모형은 주로 무기에 관련된 품목으로 탱크, 군용트럭, 전투기, 항공모함 등의 실물을 축소한 프라모델과 만화 관련 캐릭터·인형 등 종류도 다양하다. 키덜트족이 어린아이들과 다른 점은 색도 입히고 부품도 직접 만들어 내는 전문성을 점점 갖추고 가고 있다는 점이다. 이러한 모형들은 독창성과 희소성을 무기로 시장에서 일정한 가치를 인정받고 있다.

그림 1.24 | 일본 창작모형 예술가 혼자와 도시오

출처: 혼자와 도시오, 혼자와 도시오 Book - 몽마르트 언덕, Ishinsha Book, 2017.

문화산업을 '고유의 문화나 예술을 제품화하여 대량생산 및 소비가 가능한 산업'이라는 특성으로 이해하고, 소수 특권층에만 해당되었던 '엘리트 문화'에서 다수

대중이 참여하는 '대중문화'로의 진화 의미로 이해한다면 이러한 창작모형의 개념은 각 개인이 모형산업의 참여자이자 소비자가 됨으로써 모형산업을 고부가가치 문화산업으로 더욱 확장시켜 나갈 수 있는 중요한 키워드가 될 것이다.

그림 1.25 건담 프라모델

앞서 살펴본 모형들처럼 주로 산업적 목적에 의해 제작되는 모형 이외에, 각 개개인의 문화적 체험과 다양한 예술적 취향, 역사적 관심 등에 의해 만들어지고 수집되는 모형들이 있는데 통칭 프라모델이라고 불리는 피규어·밀리터리·캐릭터모형 등을 말한다. 프라모델이란 플라스틱 모델(Plastic model)에서 비롯된 일본식 영어이며 최초 영국군대의 군용차량을 식별하는 교육용도로 고안되었고, 이후 프라모델이 점차 일반인의 취미 대상으로 자리 잡게 된 것이다. 완성된 모형이 현실의 형태와 연출에 가까울수록 그 가치가 높게 형성된다.

그림 1.26 건축모형의 사용 목적에 의한 분류

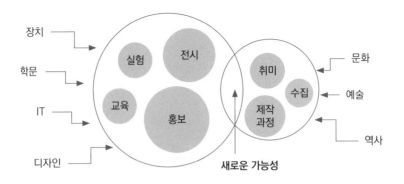

4. 예술문화산업의 한 장르가 되다

이제껏 모형은 건축, 제조, 교육 등과 같은 확실한 목적을 두고 발전, 분화되어 왔으나 20세기 후반에 접어들면서 개인의 취미 대상, 또는 예술작품으로 그 역할이 더욱 확장되었다. 지금껏 모형의 주된 속성이었던 모방과 복제의 울타리에서 벗어나 개인의 예술혼과 창의력에 기초한 창작 모형의 등장과 발전은 모형이 문화예술과 결합할 때 얼마나 큰 잠재력과 폭발력을 가지고 있을지 더욱 궁금하게 만든다. 사실 그 실례는 모형 선진국이라고 일컬어지는 일본과 유럽 등 세계 각지에서 이미 쉽게 찾아볼 수 있다.

윌라드 위건(Willard Wigan)은 세계에서 가장 작은 모형을 만드는 예술가로 1957년 영국에서 출생해 40여 년에 걸쳐 축소모형 기술을 익혔다. 그가 만드는 작품은 외과용 칼날이나 미세공구로 현미경을 보며 작업할 정도로 초소형이라 육안으로는 감상하기 어렵다. 희소성과 가치를 인정받은 그의 작품은 한 점당 5억 원을 넘어서는 것도 있으며, '바늘 위에 세운 로이드빌딩'이라는 작품은 2008년 옥션 경매에서 우리 돈으로 1억 8,000만 원에 팔리기도 했다.

그림 1.27　바늘구멍 속의 모형(윌라드 위건)

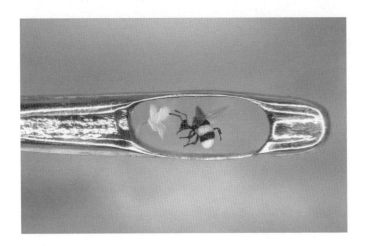

출처: httpswww.willardwiganmbe.comblog

　예술작품이 아름다운 이유는 '어느 한순간, 찰나를 그 사람만의 시선으로 영속성이라는 틀에 담아내고 그것을 사람들이 공감하는 과정'이 있어서일 것이다. 그런 의미에서 본다면 모형은 각 개개인의 환상과 꿈, 과거와 미래의 시간을 눈앞의 현실로 보여주고 만질 수 있게 해주는 가장 친숙하고 대중적인 예술의 장르로 자리잡을 가능성이 매우 큰 분야라고 할 수 있다.

　문화산업의 생산과 소비 과정은 크게 창작, 개발, 패키징, 마케팅 및 판매의 네 단계로 나뉜다. '창작' 단계에서는 작가나 음악가, 예술가 등에 의해 여러 형태와 형식으로 문화상품이 될 수 있는 원천(source)을 창작하는 단계로서 아이디어가 가장 중요한 역할을 한다. '개발' 단계는 작가나 예술가의 독창적이고 특별한 창작물을 일반대중에게 전달시키기 위해 거쳐야 하는 '상업화' 단계라고 할 수 있다. '패키징' 단계는 이렇게 해서 제작된 단위 원천상품을 이용해 전시, 공연, 방송, 인터넷 서비스 등 다양한 형태의 '단위'로 가공해 특정한 문화상품을 만드는 과정이다. 마지막으로 '마케팅 및 판매' 단계는 공연장, 극장, 방송매체, 등 여러 채널을 통해 문화상품을 고객이 수용하는 단계이다.

　모형산업은 이러한 문화산업의 단계별 특성과 매우 유사한 측면이 있다. 더군

다나 생산자가 소비자, 판매자, 전달자가 될 수 있는 독특한 체계까지 가지고 있다는 장점이 있다. 우리나라의 K-문화는 이미 세계시장에서 큰 반향을 불러일으키고 있다. 이러한 반향이 일시적이지 않고 앞으로도 성장과 지속성을 유지하기 위해서는 우리가 속한 사회의 문화적 수준과 다양성 그리고 포용력이 어느 정도까지 성숙해 갈 것인가에 달려 있다고 해도 과언이 아닐 것이다. 모형 또한 이러한 다양성과 포용력을 토대로 K-문화의 한 분야로서 세계시장에서 앞서나갈 수 있는 산업으로 성장할 가능성이 충분하다는 점에 주목해야 한다.

CHAPTER 03
우리나라 건축모형산업의 현주소

1. 건설 경기에 흥망이 걸려 있다

우리나라 건축모형 시장은 크게 주택 분양과 같은 건설 홍보용 모형과 설계검토 및 프레젠테이션용 모형으로 나누어지며 대략 모형 매출의 60~70%가 분양시장에서 이루어지고 있다. 이러한 특성 때문에 국내 건축모형산업은 건설 및 토목산업의 경영환경변화에 큰 영향을 받는다. 시장이 활성화되면 모형산업 역시 호황을 이루고, 비수기가 되면 모형산업 역시 주춤해진다.

건축모형의 생산시스템은 건축설계의 디자인 작업방식과 매우 유사하다. 주문자 생산방식으로 일반 제조업이 가진 성격뿐만 아니라 조각이나 미술작품처럼 단품으로 제작되며, 디테일과 표현의 정도가 일정한 가치를 가진다는 점에서 예술작품의 성격을 함께 가지고 있다. 그러므로 건축모형의 생산은 일반적인 제조업에서처럼 대량생산 노하우가 크게 효용이 있다고 볼 수 없으며 오히려 명품산업이나 주문형 고급승용차 제품의 산업적 특성과 비슷하다는 점을 고려해야 한다.

그림 1.28   우리나라 건축모형의 생산시스템

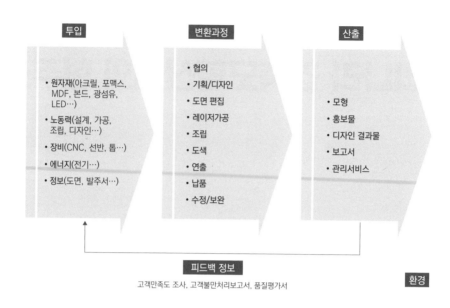

그림 1.29   건축모형회사 시장점유현황(2021년 3월 기준)

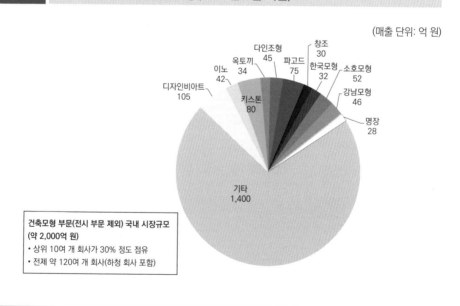

건축모형의 재료는 금속, 목재, 아크릴, 포멕스 등 표현하고자 하는 형태에 따라 다양하게 사용되며 진행 과정은 대체로 '협의-기획 및 디자인-도면 편집 및 가공-자재 가공-조립-도색-조명연출-기타 작업(키오스크 제작, 작동장치)-납품 및 설치-시험 가동-수정 및 보완'의 과정을 거쳐 이루어진다. 국내 건축모형의 설치는 해외의 사례와 다르게 매우 빠른 시점에 진행되는데, 고객의 분양대금을 먼저 받아 시공이 이루어지는 '선분양'이라는 우리나라의 독특한 민간 주택건설의 특성이 반영된 결과이다. 이러한 특성 때문에 국내 건축모형은 오히려 더 치열한 디테일과 리얼리티 경쟁을 통해 성장하게 되었고 세계시장에서도 우위에 설 수 있는 기술과 경쟁력을 갖출 수 있는 여건을 마련하게 된다.

국내에는 2024년 기준 약 80여 개의 모형회사가 사업을 영위하고 있는데 이중 20여 개의 회사가 시장의 60% 이상을 점유하고 있다. 순수 건축모형 시장 규모는 대략 2,000억 원 정도로 추산된다.

2. 사례를 통해 본 재미있는 모형 이야기

카자흐스탄 국립박물관 & 아스타나 도시계획모형

2008년 5월 '카자흐스탄 국립박물관의 설계 및 시공' 국제공모가 있었다. 그 당시만 하더라도 국내회사가 외국 정부가 직접 발주하는 국립박물관을 설계하고 시공한 사례는 거의 없었다. 그런데 국제 무대는커녕 국내 무대에서조차 거의 알려지지 않았던 우리나라의 신생 업체가 이탈리아나 러시아 등 세계의 쟁쟁한 경쟁상대를 물리치고 약 600억 원 규모의 박물관 설계 및 전시 시공권을 따냈다.

그림 1.30 움직이는 독수리 확대 모형(카자흐스탄 국립박물관)

수주의 1등 공신은 다름 아닌 박물관의 메인 로비에 설치된 독수리 모형이었다. 이는 카자흐스탄의 상징인 독수리가 힘차게 날아가는 모습을 움직이는 작동 모형으로 재현한다는 야심찬 계획이었다. 그러한 계획의 구체적 실현 가능성을 보여주기 위해 박물관 전체 디자인 및 설계계획을 영상으로 만들었고, 심지어 독수리 모형의 작동장치를 개발해 그 원리를 직접 시연하기도 했다. 이 계획은 백 마디 말보다 더 효과적이었고 결과는 대성공이었다.

또 다른 예도 있다. 카자흐스탄의 초대 대통령인 '누루술탄 나자르바예프'는 옛 수도인 알마티를 떠나 북쪽의 아스타나로 수도 이전을 계획하고 실행한다. 그에게는 아스타나를 세계적인 도시로 만들겠다는 꿈이 있었고, 이 원대한 미래 구상을 주변국들에게 항상 자랑하고 싶어 했다. 60m×40m 크기의 세계에서 가장 큰 도시계획모형이 탄생하게 된 배경이다. 이 대규모 프로젝트를 수주한 국내 모형회사는 8개월 남짓의 시간 동안 30여 명의 직원이 머리를 맞대고 밤낮없이 모형제작에 매달렸다. 마침내 완성된 모형은 6개의 컨테이너에 담겨 시베리아 횡단 철도를 통해 카자흐스탄 아스타나로 운송되었고, 그곳에 파견된 직원들의 힘겨운 현장 설치작업이 시작됐다.

3개월 후 결국 나자르바예프 대통령은 소원을 성취했다. 자신의 손바닥 모양이 각인된 키오스크에 그의 손을 가져가자 화려한 영상쇼와 함께 카자흐스탄 미래도시의 모습이 펼쳐졌다. 러시아와 다른 중앙아시아의 정상들 앞에서 너무나 자랑스러운 얼굴을 한 그의 옆모습을 필자는 한국의 모형회사 대표로서 바로 뒤에서 지켜볼 수 있었다. 세계에서 가장 크고 훌륭한 도시계획 모형을 기획하고 설치한 당사자로서 말이다.

그림 1.31 　아스타나 수도 이전 도시계획 모형

항공우주연구원 T50 기체 모형

2022년 9월 16일 폴란드에 국산 전투기인 FA-50 기종의 48대 수출 확정이라는 연합뉴스TV의 보도가 있었다. 액수만 무려 30억 달러이다. 10년을 훌쩍 뛰어넘는 기간에 개발비용만 1조 원이 넘어선 국산 전투기의 생산과정에도 모형의 역할이 있었다는 사실을 아는 사람은 많지 않을 것이다. 국방과 관련한 부분에서 특히 보안과 전문기술을 요하는 이러한 기술모형은 모형제작자와 발주처 소속 전문연구원이 함께 숙식하고 머리를 맞대며 제작을 진행하는 것이 보통이다. 그렇게 팀을 이뤄 밤낮을 함께하며 항공기 모형을 분해하고 조립하기를 수없이 반복했고, 마침내 실물 전투기 제작 전 단계로써 T-50 기체 실험모형이 완성된다.

그림 1.32 T-50 항공기 기체 압력 실험모형

이 모형이 필요했던 이유는 항공기가 초음속 속도를 통과할 때 기체와 날개에 가해지는 압력 데이터를 산출하는 작업을 수행해야 했기 때문이다. 물론 이러한 모형을 함께 만든 모형제작자들이 국방산업이나 수출에 이바지했다는 자긍심을 갖는 것은 약간의 과장된 감정일 수도 있다. 하지만 모형의 역할이 많은 산업에 있어서 직접적으로 노출되지는 않지만 결코 없어서는 안 될 중요한 부분을 차지한다는 사실은 모형산업에 종사하는 많은 사람들에게 커다란 동기부여로 작용하고 있다는 것은 틀림없는 사실일 것이다.

국내 최초로 건설된 시화조력발전소

2003년 대우건설 설계팀과 모형제작 회사와의 첫 업무미팅이 있었다. 사무실을 방문한 모형제작자에 처음 비친 광경은 난해하고 복잡한 설계도면들이 어지럽

게 펼쳐져 있고, 수십여 명의 직원들이 컴퓨터 화면을 보며 도면을 그리거나 자판을 두드리고 있는 모습이었다. 시화조력발전소 공사의 현장 사무실 풍경이었다. 대화의 요지는 바다 속에 건설될 조력발전소의 원리와 구동 시스템을 일반인들이 이해하기 쉽게 모형으로 만들어 홍보하자는 내용이었다. 머릿속이 복잡해졌다. 전문가 눈에도 알아보기 어려운 설계도면 속의 발전소를 일반인들에게 한눈에, 그것도 쉽게 알아볼 수 있게 모형으로 제작해야 한다는 부담감은 매우 클 수밖에 없었다.

그로부터 정확히 4개월 후, 발전소 축소모형이 완성됐다. 수백 개의 광섬유로 서해의 밀물, 썰물의 흐름을 자연스럽게 표현하고, 실제로 동작하는 축소된 작동 터빈과 이를 통해 발전된 전기의 흐름까지 연출해 일반인들이 한눈에도 발전소의 원리와 의미를 쉽게 이해할 수 있도록 만들었다. 이 모형은 거의 20여 년이 지난 지금도 시화조력발전소 현장을 찾는 많은 관람객에게 복잡한 원리를 쉽게 전달하는 훌륭한 교재이자, 흥미로운 관람코스로 자리 잡고 있다.

그림 1.33 시화조력발전소 건축모형

3. 수동적인 변화에 만족해 온 국내 모형업계

그림 1.34 건축모형산업의 성장 곡선

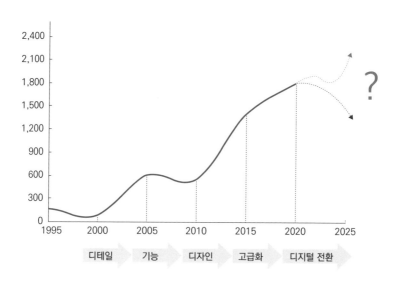

건축모형산업이 국내에 태동한 계기는 지금부터 약 30여 년 전 탄생한 기흥성 모형이 시초이다. 당시는 아파트나 도시건설보다는 전통 건축물의 복원 및 재현, 또는 설계검토 목적의 모형 수요가 존재했고, 이를 국내에서 산업으로 활성화시킨 장본인이 현재 (주)기흥성모형의 기흥성 회장이다. 앞서 말했듯 우리나라의 건축모형산업은 아파트 건설 붐과 그 흥망을 같이한다. 또한 아파트 시장은 고객의 분양계약금 및 중도금을 건설사가 선불로 받아 공사를 진행하는 선분양 제도가 일반화되어 있었다. 이를 위해 모델하우스를 건설하고 그 홍보관 내부에 미래에 지어질 아파트 단지의 모습과 주택 내부 공간 및 인테리어 모습을 건축모형으로 축소해서 보여주는 형태의 현대 건축모형이 유행하게 되었다. 이를 통해 국내에서 소규모, 수작업으로 전통건축모형을 제작하던 회사들이 현대건축모형 제작으로 전환하게 되면서 크기와 규모 면에서 급속히 발전하기 시작하며 모형이 산업으로서 비로소 그 의의를 갖게 된다.

국내 건축모형 시장은 2021년 현재 상위 10여 개의 회사들이 30% 정도의 시장을 점유하고 있으며 약 70% 정도의 매출이 건설사와 시행사를 통한 발주로 이루어지고 있다. 이외 수출이 15%, 관공서 등 공공 발주가 10% 정도이다. 시장 규모는 매년 서서히 성장하고는 있으나 코로나19 이후 디지털 전환을 통한 새로운 시장 창출과 수출 규모의 확장을 통해 점차 정체되어가는 모형산업의 활로를 열어야 한다는 목소리가 커지고 있다. 더욱이 최근에는 중국과 베트남, 아랍에미레이트 등 주로 아시아와 중동 국가에서 건축모형산업이 빠르게 성장·발전하고 있으며 장비의 발달과 함께 정밀성의 향상은 물론 전시연출기법을 접목한 여러 형태의 모형으로 다양하게 분화되고 있는 추세이다.

그림 1.35 건축모형의 주요 발주처 현황(2021년 3월 기준)

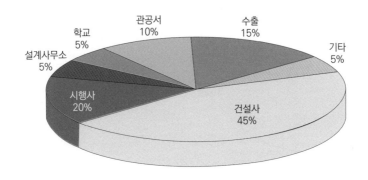

건축모형의 제작기술 및 생산성은 1970년대 거의 100%에 가까운 수작업 시대에서 1980년대 CNC와 전기톱, 선반 등을 이용하고, 2000년대 들어와 레이저조각기의 도입으로 크게 향상되었다. 최근에는 UV프린터와 3D프린터를 사용한 제작 형태로 또 다른 변화가 이루어지고 있다. 장비의 발전뿐 아니라 IT 및 전시기법을 접목한 터치스크린 제어, LED 조명 연출 및 제어, 전시 영상 및 맵핑 기술을 활용한 복합연출도 점점 늘어나고 있는 추세이다. 이러한 변화 또는 발전은 모형산업 주체들의 능동적 디지털 전환 시도라기보다는 고객의 요구와 원자재가격의 꾸준한 상승에 따른 원가절감, MZ세대 고객의 증가에 따른 연출방식의 도입이 이끌어 낸 변화라고 보는 것이 타당할 것이다.

그러한 이유들로 요즘 크게 이슈가 되고 있는 메타버스나 3D프린팅, 디지털트윈, NFT 등의 새로운 기술들이 "건축모형 산업에 파괴적 혁신을 가져다 줄 것인가, 아니면 산업 자체를 도태시킬 것인가?", "디지털 혁신을 통한 새로운 성장이 가능할 것인가?" 하는 여러 질문을 우리에게 던지는 것은 어쩌면 당연한 일일지도 모른다.

그림 1.36 건축모형의 기술 S-curve

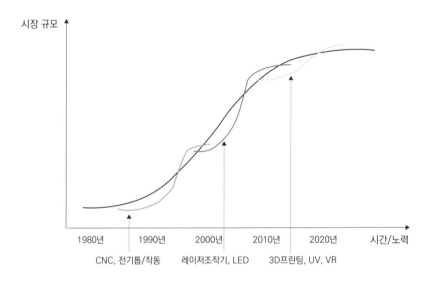

위 질문들에 대한 해답을 찾기 위해 우리는 지금부터 무엇을 준비하고 어떤 변화부터 시도해야 할까? 디지털 전환이 모형산업에 영향을 미치는 가장 큰 기술적 이슈들은 무엇이며 모형의 최대 강점이라고 할 수 있는 아날로그적 형태를 유지하는 가운데 디지털 전환이 가능한 범위가 존재하기는 할 것인가? 존재한다면 어디까지 변화가 가능할 것인가? 더 이상 회피할 수 없는 이러한 수많은 당면 과제에 대한

PART 01 사람들은 잘 모르는 건축모형의 세계

해답을 찾아 나가는 것을 시작으로 모형산업뿐만 아니라 중소기업의 디지털과 아날로그의 유기적 결합을 통한 시너지 창출방식에 대해 함께 이야기해 보자.

4. 디지털 전환을 앞둔 대응 현황과 과제

국내 100여 개에 이르는 모형회사 중 아직도 그룹웨어를 활용하지 않고 전자결제보다 종이로 결제하는 회사가 대략 80%에 이른다. 이러한 단적인 예만 보더라도 알 수 있듯이 사실상 업계 차원에서의 디지털 전환에 대한 대응은 매우 미미한 상황이다. 모형회사 대부분은 인력과 규모가 작은 중소 규모로 디지털 전환에 대한 자원과 정보 대응 역량이 턱없이 부족하다. 대다수의 경영자들은 디지털 전환에 대한 정확한 개념이나 인식이 부족한 상황에서 미래에 대한 전략보다는 과거 가내수공업의 운영방식에서 크게 벗어나지 못하고 있다. 무엇보다 큰 문제는 디지털 변혁이 미칠 영향에 대해 지나치게 과소평가하고 있다는 점이다.

2021년 중소기업중앙회에서 조사한 중소기업 업종별 디지털 성숙도 평균이 41.38인 점과 비교해 보아도 모형회사들은 제조업 평균에도 한참 뒤처져 있다는 것을 알 수 있다. 이러한 문제는 초기 시스템 구축비용에 대한 부담과 디지털 전환 필요성에 대한 인식 부족 때문일 수도 있다. 하지만 그보다 더 중요한 문제는 우리가 디지털 전환을 어디서부터 어디까지, 어떻게 해 나갈 것이냐 하는 것에 대한 고민과 전략이 부족하다는 것이다. 해야 할 것과 할 수 없는 것, 다시 말해 지켜야 할 것과 혁신해야 하는 것은 무엇인지 구분해 내고, 필요하다면 우리의 비즈니스모델을 재구성하는 차원에서 디지털 변혁 전략을 만들어야 하는 발상의 전환과 빠른 대응이 필요하다.

그림 1.37 중소기업 업종별 디지털 성숙도(문항별 응답을 100점 만점으로 환산)

(단위: 점, 0~100점)

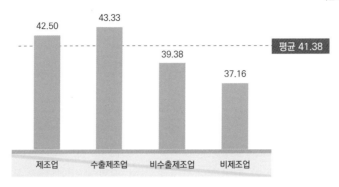

출처: 중소기업중앙회, 2021.12.

그렇다고 모형업계가 디지털 전환의 시대적 요청에 대해 그저 손 놓고 바라만 보고 있었던 것은 아니다. 코로나19 팬데믹 사태는 건축모형업계의 경영환경에도 많은 변화를 줄 수밖에 없었고 자의든 타의든 '일상화된 비대면'이라는 변화 앞에서 업계는 생존을 위해 디지털화를 가속해야 했다.

과거 건축모형은 업무의 특성상 수주 단계에서는 현장 설명회 및 프레젠테이션, 발주 단계에서는 업무미팅, 제작 단계에서는 단계별 검수, 납품 단계에서는 품평회 등 무수히 많은 대면 협의가 필요했다. 그러한 상황에서 '비대면'이라는 파고가 가장 먼저 바꾼 것은 현장 설명회의 온라인 대체와 제안서 및 견적의 온라인 제출이다. 본래 건축모형시장은 폐쇄적이고 불투명했다. 대표의 인맥과 영업직원의 개인 역량이 기업의 영위에 매우 큰 부분을 차지했다. 많은 일들이 사적인 만남을 통해 이루어진 경우가 많았다. 그러한 업계 풍토에 일대 변화가 찾아온 것이다. 팬데믹은 건설회사들을 먼저 움직이게 했다. 기존 공공의 영역에서만 시행되던 온라인 입찰 시스템이 일반 기업에도 만들어지고 운용되기 시작했다. 그로 인해 업체등록과 견적 제출이 투명해졌다. 기존에 발로 뛰던 현장 영업이 디지털화된 회사소개서와 실력, 실적, 가격만을 평가할 수 있는 제안서로 대체되었다. 방문 검수도 꼭 필요한 경우에만 이루어졌고 제작 단계별로 촬영된 사진과 영상으로 대체되었다. 또한 각 건설사의 발주 및 입찰 정보 또한 모바일앱을 통해 실시간으로 확인이 가능해졌다.

그림 1.38   정부 전자조달시스템 화면

일반 기업도 조달을 의뢰할 수 있고, 등록요건만 갖추면 누구나 참여할 수 있다.

모형회사들은 당장 디지털 전환 인력을 충원해야 했다. 아날로그 회사소개서를 온라인에 최적화된 내용으로 바꾸어야 했고, 입찰시스템의 점검과 영상 촬영 및 변환, 홈페이지의 수정 및 보완과 모바일 최적화, 구글과 네이버 등 포털 사이트를 통한 키워드 홍보도 필요했다. 비용과 혼란이 증가했고 디지털에 익숙하지 않은 경영자들은 이러한 변화를 한동안 힘들어했다.

최근에 이르러서야 업계는 디지털 전환의 순기능을 일부라도 깨닫고 있다. 불필요한 영업비용 및 경비가 눈에 띄게 감소했고, 무엇보다 모형제작에 더 많은 시간과 비용을 투자할 수 있게 되었다. 그만큼 품질 향상도 이루어졌다. 코로나19가 아니었다면 과연 이토록 빠른 시간에 이만큼의 변화라도 가능했을까? 건축모형업계의 오랜 숙원 중 하나를 코로나19가 해결해 주고 있는 셈이다.

<표 1.1> 모형산업의 디지털화가 필요한 영역과 가능 범위

디지털화 필요영역	추진 가능 방식과 내용	목표 및 기간
업무의 효율화	• 그룹웨어 도입 및 활용 • 홈페이지 모바일 최적화 • 전자카탈로그 • 전자조달, 전자결재 시스템	90% 단기(3년 이내)
생산성 향상	• 서버 구축 및 데이터 체계화 • 소프트웨어 통합 및 표준화 • 생산 프로세스 디지털, 데이터화 • 3D프린팅 도입 및 활용	50% 중기(3~5년)
고객 경험 향상	• 증강현실, 가상현실 접목 • 제작과정 체험 및 공유 • 고객 필요 실시간 정보수집 및 제공 • 양방향 컨트롤 모형 조작	30% 중기(10년 이내)
새로운 비즈니스모델 창출	• 메타버스 • 모형 키트 및 실습 세트 • 디지털 모형 • 문화예술 및 취미 접목 • 실감형 체험 • BIM, VP 설계 • B2B에서 B2C로의 영역 확장	장기

디지털 전환은 위와 같은 업무효율 향상만이 아니라 경영의 가능한 모든 단계에서 전사적으로 이루어져야 한다. 주도적으로 변혁하지 못하고 주변 상황에 대처하는 방식으로 따라가기만 하다 보면 어느새 경쟁력을 잃고 새로운 혁신기업에 모형산업을 통째로 내어 줄 수도 있다. 그때 가서 대처하기엔 이미 너무 늦을 것이다.

코트라는 2022년 6월 해외 중소기업의 디지털 전환 추진 사례를 조사했는데, 1) 자동화 설비와 소프트웨어 활용으로 생산 효율성 향상, 2) 제작 및 판매와 고객 수요의 편의를 반영하여 고객 경험 제고, 3) 데이터와 플랫폼 등을 활용하여 새로운 비즈니스모델 도입[2]의 세 가지 유형의 틀에서 분류한 바가 있다. 모형산업의 디지털 추진 과제에 대한 이러한 사례를 참고할 필요가 있다.

'생산효율성'에 대해서는 비즈니스모델의 특성상 자동화 설비의 추진은 어렵더라도 레이저 조각기와 UV프린터, CNC 등 주요 생산 장비에 대한 소프트웨어의 통합과 기업 운영에 있어서 그룹웨어의 도입과 활용을 통해 전체적인 효율성을 높일 부분도 있을 것이다. 마침 우리 정부도 '스마트 공장구축'을 위한 여러 지원정책을 추진하고 있다. 이러한 정부 정책을 적극 활용해야 한다.

'고객경험의 제고'는 건축모형이 향후 지속적으로 추진해야 할 중장기 과제이다. 최종적으로 소비자에게 경험과 감동을 '온디맨드(On-demand) 형태로 선사하는 것'이 건축모형업계의 가장 큰 경쟁력이 되리라는 것은 너무나 분명하기 때문이다. 최근 '실감형 체험'이라는 디지털 전시 형태가 유행하고 있는데 실물모형인 건축모형과 이러한 디지털 전시 분야의 기술과 효용성을 접목하고 활용하려는 노력이 필요하다. 소비자에게 특별한 경험과 감동을 준다는 의미에서 결국 그 목적은 동일하다.

'데이터와 플랫폼을 활용한 새로운 비즈니스모델 도입'은 당장 비즈니스모델 자체를 새롭게 개편하기보다는 기존의 플랫폼을 활용하여 마케팅의 범위를 좀 더 확장하는 방법을 모색해야 하는 것이 우선이며, 장기적으로 메타버스와 NFT를 활용해 모형의 아날로그적 특성을 살릴 수 있는 새로운 비즈니스모델의 발굴이 추진되어야 한다. 또한 생산 프로세스의 데이터화와 온라인 통제 노력은 향후 3D프린팅의 활용을 준비하는 과정에서 반드시 우선되어야 할 과제이다.

무조건적인 따라 하기식 디지털 전환은 시행착오를 유발하고 건축모형만의 비즈니스모델의 근간 자체를 흔들 수 있다. 때문에 우리가 지켜야 할 아날로그만의 가치가 무엇인지 먼저 이해하고 디지털 전환을 위한 범위와 위치를 파악하여 그에 맞는 디지털 전환 전략과 아날로그와 디지털의 사이에 존재하는 최적의 융합과 시너지 방식을 찾는 데 집중해야 할 것이다.

---

2 Kotra, 「해외 중소기업의 디지털 추진사례와 시사점」, 2022.06.17.

<표 1.2> 아날로그 기반 모형산업의 디지털 전환 현황과 대응 방안

구분	모형산업의 디지털화 수준		대응 방안
경영자의 인식	클라이언트의 요구와 환경에 의한 수동적 변화	30%	협회결성 및 인식변화를 위한 교육 강화
제조방식	• 레이저조각기 도입 90% • 3D프린팅 50% • UV프린팅 50% • 프로그램 통합 및 표준화 30%	50%	• 자재 및 장비의 표준화, 소프트웨어 통합 노력 • 3D프린팅 투자(자재, 기술, 운영 연구) • 스마트 공장 구축
운영	• 그룹웨어 활용 20% • 모바일 10% • 전자카탈로그 30%	20%	• 정부 지원사업 활용 • 시스템 통합 • 프로그램 구매 투자
고객경험 향상방식	• 터치스크린 활용 90% • 모바일 최적화 10% • 원격제어, 양방향 소통 40% • 디지털 영상 접목, 작동, LED 제어 등 70% • 고객참여, 피드백 제공 5%	60%	• SNS 활용 • 소비자 참여 프로그램 개발 • 기존 플랫폼 활용방안 • 취미, 문화 활동 접목
새로운 비즈니스 모델 창출	소품 온라인 판매	10%	• 기술연구소 설립 • 서버 및 데이터 구축 • B2C로의 전환 노력 • 유통구조 변경 • 메타버스 진입 노력 • 편집 프로그램 고도화

PART 02

중소 제조기업의 디지털 전환 전략: 모형산업을 알면 길이 보인다

CHAPTER 01
몸에 맞는 디지털 기술을 파악하라

1. 코로나19가 불러온 급격한 디지털 대전환 요구

IoT(사물인터넷), 빅데이터, 인공지능, 클라우드 서비스 등 대용량 데이터의 실시간 수집·처리·분석·시각화를 가능하게 하는 4차 산업혁명 기술의 등장은 건축과 관련된 산업 분야의 디지털 전환에도 새로운 도전과 계기를 만들어 주고 있다. 특히, 2020년 코로나19의 대유행은 비접촉 온라인 문화와 디지털 전환의 촉매제가 되어 이제 우리 사회 전 분야에 걸친 디지털 변혁을 더욱 앞당기고 있다.

그림 2.1   코로나19 이후 디지털 전환의 속도와 범위

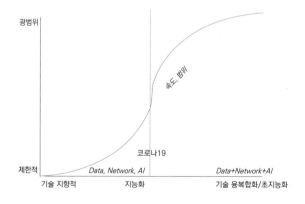

출처: 한국지능정보사회진흥원

> "이제 코로나19 이전인 BC(Before Corona)와 코로나19 이후인 AC(After Corona)로 구분될 것이다."[1]

　앞으로 모든 시장(market)은 온라인과 오프라인 사이를 자유롭게 오가며 시시각각 이동하고 변하므로 제품과 서비스를 사고팔던 일반적인 시장의 개념은 사라질지도 모른다. 소위 '온택트'가 일상화되는 시대는 이미 눈앞에 와 있다. 온라인으로 입학식과 졸업식이 이뤄지고, 대학의 온라인 강의가 일상화되고 기업들은 재택근무 형태를 더욱 늘리고 있다. 거리의 매장에서도 단말기를 활용한 주문 형태를 심심치 않게 볼 수 있을 뿐더러 2022년 2월 기준 서울에만 무인 매장이 6,000곳에 이른다는 매일경제신문의 보도만 보더라도 비대면 무인매장도 점점 더 늘어나고 있다는 것을 심심치 않게 발견할 수 있다.

그림 2.2　이마트24 스마트 코엑스점

1　토마스 프리드먼(Thomas Friedman)의 뉴욕타임즈 기고문 중 발췌

온택트 확장에 따라 우리 일상도 많은 영향을 받고 있다. 롯데마트가 내놓은 미래형 매장 '제타플렉스'나 이마트24의 무인매장, 그리고 세븐일레븐의 '세븐일레븐 시그니처', 최근 오픈한 서울 여의도 더 현대의 '언커먼스토어' 등이 이러한 사례에 속한다.

중소벤처기업부와 소상공인시장진흥공단은 2020년 가상현실(VR)과 증강현실(AR), 사물인터넷(IoT) 등 4차 산업혁명 기술을 집중적으로 보급·육성하고 소상공인의 비대면 디지털 경제로의 전환을 이끌 '스마트 시범상가' 사업을 시작했다. 고객이 스마트미러를 통해 가상으로 피팅과 스타일링 등을 체험한 후 물건을 구매하는 스마트 상점 기술을 실현하기 위한 지원 사업이다. 이러한 변화의 속도에 비추어 볼 때 구매하고자 하는 모든 제품 또는 서비스를 가상현실에서도 체험해 본 후 실물의 제품 또는 서비스에 대한 구입 의사를 밝힐 수 있는 시대가 지금이라도 당장 눈앞에 다가올 것 같다.

그림 2.3 CES2022 롯데정보통신 전시부스

가상공간 내에서의 주거공간 체험과 쇼핑 및 디지털 휴먼의 의상 피팅이 가능하다.

대한상공회의소가 2021년 국내 300여 개 기업을 대상으로 지난 코로나19 사태가 산업계에 미친 영향과 정책과제에 대한 조사에서도 약 73%가 포스트코로나에도 기업의 경영환경의 변화는 '더욱 가속되거나 코로나 상황의 모습과 비슷할 것'이라고 응답했고 27%는 '코로나19 이전의 모습으로 돌아갈 것'이라고 전망했다. 이러한 변화와 전망은 국가의 도시 정책과 부동산, 건설 분야에까지 영향을 미쳐 다양한 디지털 기술을 접목한 새로운 시도를 이끌고 있다.

이러한 산업 전반의 변화된 환경적 요인들은 "4차 산업혁명의 어떠한 기술들이 일상화된 온택트에 맞닥뜨려 있는 건축모형산업에 어떻게 영향을 미칠 것이며, 새로운 기술들을 우리 산업에 어떤 방식으로 활용해서 올바른 방향과 수준으로 디지털변혁을 이룰 것인지"에 대한 바른 진단과 적용의 필요성을 절감하게 한다.

'온택트'의 환경이 건축모형산업의 비즈니스모델 자체에 대한 혁신과 변화를 요구한다면 디지털 트윈, NFT, 메타버스. 3D프린팅과 같은 기술은 건축모형산업의 아날로그적 핵심 가치를 제외한 '생산 및 관리운영 시스템의 효율성'을 긍정적으로 변화시키기 위한 전제가 된다. 단계적 디지털화를 통해 소비자에게 맞춤형 서비스를 제공하는 '하이브리드 전략'이 긍정적인 디지털 변환의 유용한 도구가 될 수 있다. 이들 네 가지 기술이 건축모형산업에 구체적으로 어떠한 영향을 미치며 이 기술들을 통해 어떤 변화와 예측이 가능한지 살펴보자.

2. 모형산업의 핵심 기술로 거듭나고 있는 3D프린팅 자동화

인공지능을 비롯한 데이터 기반 기술이 산업구조를 재편하는 가운데 4차산업혁명의 제조기술혁신으로 불리는 3D프린팅 기술은 '원하는 제품을, 원하는 장소에서, 원하는 형태로, 필요한 만큼, 취향에 따라, 소량생산'할 수 있도록 뒷받침할 수 있다는 점에서 '스마트 팩토리'를 실현가능하게 할 핵심 기술이라고 할 수 있다.

그림 2.4 GE의 바인더제트 3D프린터

제조업을 10배속으로 변화시킨다.

본래 3D프린팅의 정의는 삼차원 형상을 구현하기 위해 전자적 정보를 자동화된 출력장치를 통하여 입체화하는 활동을 의미하며 3D프린터는 통상 수치제어 프로그램을 바탕으로 3차원 물체를 만들어 내는 기계장치[2]를 일컫는다.

그림 2.5 수요사의 3D프린팅 도입 장비와 장비의 활용목적

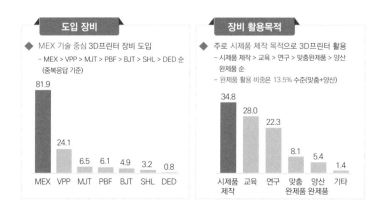

출처: 정보통신산업진흥원, 3D프린팅 산업실태조사. 2021.

---

2 삼차원프린팅산업진흥법 제2조 제1호

그림 2.6 대한민국 공군의 3D프린팅을 이용한 정비부품 생산

출처: 국방일보, 2021.08.12.

도입 초기 플라스틱을 재료를 활용한 간단한 목업 제품을 만드는 데 활용되던 3D프린팅은 소재 기술이 점차 발달하며 종이, 고무, 콘크리트, 카본, 금속, 식품에 이르기까지 재료의 범위가 넓어지면서 활용도가 빠르게 확장하는 추세이다. 이는 단순히 목업 제품이나 조형물을 입체적으로 출력하는 정도에 국한되었던 3D프린팅을 제조나 건축 분야뿐만 아니라 의료, 우주항공, 패션산업에 이르기까지 거의 모든 산업 분야에 걸쳐 활용할 수 있도록 하는 큰 변화를 이끌어냈다.

<표 2.1> 미 국방부가 제시한 3D프린팅의 활용 장점

국방시스템 현대화	재료 준비 및 효율성 향상	국방 혁신
• 기하학적 형태의 제품 제조 • 부품 최소화 • 신속한 데모버전 제조	• 부품 노후화 최소화 • 물류 작업 최소화 • 신속한 작업 지원 • 기존 시스템 활용도 향상 및 비용 절감	• 군 교육 및 취업 지원 • 전투력 향상

최근 코트라 시카고무역관의 보고서에 따르면 3D프린팅이 우주항공과 방위산업 분야에도 전면 등장하고 있다는 것을 알 수 있다. 바이든 대통령의 2021년 미국 공급망에 대한 행정명령에 따라 미 국방부는 3D프린팅을 미군의 임무 수행에 필요한 핵심 산업으로 명문화하여 강조하고 연이어 국가 표준을 설정하기 위한 미국 최초의 '5가지 적층제조 전략'과 세부지침을 발표했다.[3]

우리나라도 예외는 아니다 2019년 공군은 최신 3D프린팅 장비를 업그레이드하고 여러 부품 제작에 활용함으로써 많은 국방예산을 절감했다고 발표한 바가 있다.

기존의 전통적인 건축모형 제작 방식과 3D프린팅의 가장 큰 차이점은 기존 방식이 '입체적 구조물'을 만드는데 주로 필요했던 '절삭'이었다면, 3D프린팅은 이러한 방식에서 벗어나 '쌓기'를 통해 제품을 생산한다는 점이다. 이 차이는 소재 기술의 발달과 소재의 활용에 따라 생산성과 품질향상에 긍정적 영향을 미친다. 또한 재료와 부품을 동시에 만들 수 있다는 장점이 있고, 다양한 기하학적 형태의 자유로운 모양도 얼마든지 제작이 가능하다. 그동안 시도하지 못했던 형태의 제품을 저렴한 가격에 생산할 수 있다는 것도 3D프린팅 기술의 큰 의의라고 할 수 있다.

그림 2.7 글로벌 3DP 시장규모 추이(2016~2026)

출처: 정보통신산업진흥원, 2021년 3D프린팅 산업실태조사

---

3 코트라 시카고무역관, 「3D프린팅, 방산에 주요 기술로 등장」, 2022.05.02.

건축모형 분야에서 3D프린팅의 활용은 모형제작 공정 전체 중 극히 일부분인 약 10~15% 정도이다. 이처럼 충분히 활용되지 못하고 있는 이유로는 전문 제조 분야에서 쓰이는 장비가 비교적 고가인데다가 운용 프로그램이나 애플리케이션도 개발사마다 제각각이기 때문이다. 무엇보다도 소재산업이 충분히 뒷받침되지 못하고 있는 점은 제조원가의 상승으로 이어져 3D프린팅의 생산 현장 보급을 늦추게 하고 있다. 이러한 이유로 현재 우리나라에서 사용되고 있는 3D프린터는 대부분 중저가의 장비로 시제품 제작 및 교육, 연구의 목적 정도로 비교적 제한적 형태로 활용되고 있다.

향후 3D프린팅의 보급과 소재의 개발이 건축모형산업에는 크게 두 가지 긍정과 부정적 영향을 미친다고 볼 수 있다. 긍정적 요인으로는, 디지털 전환의 가장 큰 혜택이라고 볼 수 있는 '생산의 자동화와 운영의 효율화'를 앞당기고 있다는 사실이다. 3D프린팅을 활용한 생산의 자동화는 제작 시간 및 비용의 단축, 제작과정의 오차 및 불량의 감소, 완제품의 내구성 강화 등의 긍정적 효과를 가져 온다고 할 수 있다. 반면 운영의 효율화는 제작 공정의 단순화, 관리의 편리성, 고전적 제작기술이나 경험 많은 숙련기술자에 과도하게 집중된 의존도를 줄일 수 있고 이를 디자인이나 소프트웨어에 재투자할 수 있다는 장점이 있다. 부정적 요인으로는 데이터만 있으면 누구나 쉽게 제작에 접근할 수 있기 때문에 간단한 목업이나 소형제품의 경우

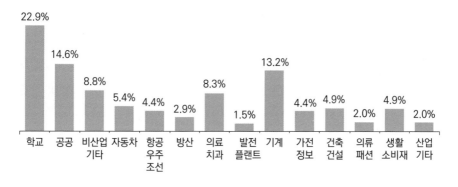

그림 2.8 3D프린터 장비 주요 수요처

출처: 정보통신산업진흥원, 2021년 3D프린팅 산업실태조사

일부 모형시장을 쉽게 뺏길 수 있다는 점과 전문화되고 특화된 산업용 3D프린터는 비교적 고가이므로 과도한 초기 투자비용이 소요되고 투자금을 회수하는 데까지 많은 시간이 소요된다는 점이다. 또한 사용되는 소재의 국산화와 다양화가 비교적 더디게 진행된다는 점이 또 하나의 원가 상승 요인으로 작용하고 있다.

그렇다면 3D프린터가 앞으로의 건축모형산업에 어떻게 활용되고 어떠한 영향을 미칠 것인가를 쉽게 예측해볼 수 있다. 시간과 장소에 구애받지 않고 데이터만 있다면 얼마든지 원하는 소재로 원하는 형태의 제품을 출력할 수 있다는 특징은 앞으로의 건축모형산업을 유지·발전시킬 수 있는 핵심기술로의 역할로 작용할 것이다. 똑같은 제품을 거부하고 개개인의 취향과 맞춤에 따라 세상에 하나뿐인 제품을 생산할 수 있는 3D프린터의 장점은 건축모형이 가지고 있는 속성과 일치하기 때문에 더욱 그렇다고 볼 수 있다.

3D프린터가 모형시장을 오히려 잠식시키는 기재가 될 것이라 언급하는 사람들도 있다. 누구나 원하는 모형 제품을 쉽게 만들 수 있다면 결국 지금 같은 형태의 건축모형회사는 필요 없게 될 것이라는 추측이다. 하지만 그러한 가능성은 매우 낮을 것이다. 조경, 컬러, 전기, 영상, 조형 등 여러 분야의 조화로운 결합체로서 완성되는 모형의 특성상 그 완성품을 단지 3D프린팅 장비의 대중적 보급만으로 흉내낼 수는 없기 때문이다. 오히려 개인들의 시장진입이 더욱 활발해져서 이들이 소규모 기업 형태를 갖추고 일부 부품을 생산하거나 정밀가공 분야의 협력 업체로서 공존한다면 건축모형 시장은 더욱 발전, 확대될 가능성이 더 크다고 보는 것이 더 맞는 시각이다.

이러한 점에서 3D프린터를 건축모형 분야에서 좀 더 효율적으로 활용하기 위한 최우선 과제는 관련 종사자와 경영자들의 3D프린터의 활용과 소재에 대한 연구의 선행이다. 또한 그와 함께 운용 프로그램 및 애플리케이션의 통합과 공유에 대한 투자와 노력도 필요하다.

그림 2.9 3D프린팅으로 제작한 건축구조 모형

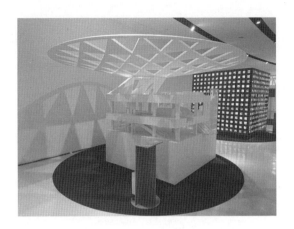

사무실이나 공장이라는 일정한 장소에서 근무하고 생산하는 시대는 저물고 있다. 건축모형업계가 이러한 기술을 새로운 기회로 적극 활용하여 재택근무 형태를 도입하거나 휴대용 3D프린터 장비를 통해 필요한 현장에서 필요한 제품을 생산하는 방식을 우리의 산업 형태에 맞게 보완하여 적극 수용하고 도입한다면 우리의 모형산업은 세계를 선도하는 새로운 혁신산업으로 도약할 수 있을 것이다.

3. 가상이 현실을 증명하는 디지털 트윈

'풍동실험모형'이라는 것이 있다. 고층 건물 또는 도시의 밀집된 건축물들이 자연적으로 불어오는 바람의 흐름과 속도에 어떠한 영향을 미치며 건물구조에는 어떠한 압력과 진동이 전해질 것인가를 실물모형을 만들어 설계의 최종단계에서 검증하고 측정하기 위한 목적으로 제작되는 모형이다.

그림 2.10 | 디지털 트윈을 활용한 도심 바람장 시뮬레이션

출처: https://www.nrf.gov.sg/programmes/virtual-singapore

그림 2.11 | 영화 '아이언맨'

주인공이 각각의 부품을 3D로 구현해 자신에게 맞는 최적의 슈트를
만드는 장면이다.

출처: https://greenium.kr

만일 이러한 실물모형을 직접 제작하지 않고 데이터만으로만 구축 및 검증이 가능하고 이를 통해 여러 가지 필요한 결과값을 산출한 후 건축계획이나 도시계획의 디자인에 적용 할 수 있다면 매우 효율적이고 획기적인 방식이 될 것이다. 이러한 방식은 실물모형의 정형화된 한계를 넘어서서 형태를 바꿔가며 더 많은 경우의 수와 더 정확한 데이터 값을 얻어낼 수 있다는 큰 장점이 있다. 이것을 가능하게 해주는 기술이 바로 디지털 트윈 기술이다.

그림 2.12 디지털 트윈의 구조

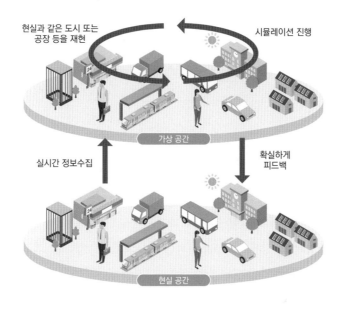

디지털 트윈이란 현실 세계의 공간 및 사물의 쌍둥이를 가상공간에 디지털로 동일하게 구현한 후 시뮬레이션을 통해 안전관리나 새로운 산업의 진입 등 운영, 최적화, 모니터링의 다양한 방법의 활용을 가능하게 하는 것을 말한다. 디지털 트윈은 가상세계의 제어기능을 현실 세계와 연결하여 물리적 시스템을 제어할 수도 있고 실제 세계로부터 실시간으로 수집한 데이터를 분석해 가상세계에 적용할 수도 있으며 이러한 데이터를 바탕으로 미래를 예측하여 여러 경제적 효과를 얻을 수도 있다.

그림 2.13　GE의 항공기 엔진 디지털 트윈 개념도

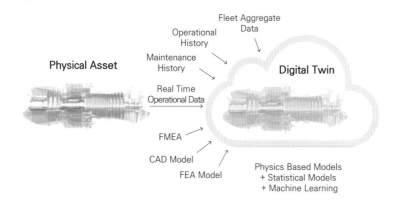

이러한 디지털 트윈 기술은 이미 2000년대 초반 항공우주 분야에서 활용되기 시작하였지만 현실 세계의 물리적 요소와 결합하여 실질적 활용도가 높아지게 된 계기는 바로 4차 산업혁명으로 인한 AI, IoT, AR, VR 등의 기술이 정보의 수집과 시각화를 고도화시켰기 때문이다.

항공우주 분야에서 디지털 트윈의 활용은 GE의 사례를 들 수 있다. GE는 자사가 개발한 항공기 엔진에 다수의 센서를 부착하고 운행하는 과정에서의 데이터를 실시간으로 수집했다. 수집된 데이터는 디지털 트윈으로 구현돼 모니터링하는 엔지니어에게 항공기 엔진의 종합적인 상태를 실시간 데이터로 제공되었고, 이러한 디지털 트윈의 활용은 항공기 엔진의 내구성에 대한 관리, 교체 시기 예측 및 정비에 활용됨으로써 비용의 감소와 운항 효율성의 증가로 이어졌다. 이처럼 제조 분야에서의 디지털 트윈은 제품의 설계검토나 생산라인의 설계, 작업환경이나 유지보수의 시뮬레이션에 주로 활용된다.

가장 활용범위가 넓은 분야는 스마트시티이다. 스마트시티는 정부 혹은 공공차원에서 신도시의 개발이나 도시 재생사업을 위한 '도시계획'과 교통, 환경, 통신망, 에너지 순환, 재난 대비 등을 포함하는 '도시운영'의 목적을 위해 필요한 지역 혹은 분야나 도시 전체를 3차원으로 가상화하고 데이터화하여 실시간으로 모니터링하고 구축된 시뮬레이션을 통해 분석하며 예측하며 통제한다.

그림 2.14　디지털 트윈을 활용하여 구축된 싱가포르 북부의 신도시 펀골타운

　　성공적인 사례로 2015년부터 약 1,000억 원의 비용을 들여 진행한 싱가포르의 '버추얼 싱가포르' 프로젝트를 들 수 있는데, 도시 전체를 가상현실에 복제하여 실제 도시 내의 주택이나 환경, 교통 등의 여러 문제들을 해결하는 데 활용되고 있다. 이러한 도시문제 해결뿐만 아니라 가상세계에서의 싱가포르 여행을 가능하도록 만들고, 3D로 구축된 정보를 활용하여 일조권 침해의 해결방안을 도출하거나 지형과 경사 정보를 확인해 노약자와 장애인을 위한 이동로를 손쉽게 설계할 수도 있게 되었다.

　　우리나라는 2018년 디지털 트윈을 이용해 도시문제를 해결하기 위한 방안으로 세종 스마트시티를 추진해왔다. 이는 에너지, 문화, 일자리, 모빌리티, 헬스케어 등의 혁신 서비스와 시민이 체감할 수 있는 융·복합 서비스를 제공하는 데 초점이 맞추어져 있다.

　　물류 분야에서도 활용 사례가 늘어나고 있다. 2020년 아랍에미레이트 정부는 두바이항구 컨테이너 터미널의 가상화모델을 구축하고 이를 통해 비용 절감 및 생산성 향상의 효과를 기대하고 있으며 우리나라의 대한통운도 지난 26일 전국 풀필먼트센터에 디지털 트윈 기반의 시각화 대시보드인 '아폴로-D' 시스템 구축을 완료

하고 운용에 들어간다고 밝힌 바 있다.

싱가포르의 사례를 통해서도 짐작할 수 있듯이 디지털 트윈 기술이 실물 제작 위주의 건축모형산업에 당장 미치는 영향은 긍정적 요인보다 부정적 요인이 더 크다고 볼 수 있다. 가장 큰 영향을 미칠 것으로 예상되는 분야로는 도시계획을 위한 설계 또는 교통망과 공공시설의 계획 등을 홍보하거나 개발의 목적으로 만들어지는 '도시계획모형'이라는 실물모형의 형태가 아예 사라질 수도 있다는 점이다. 시뮬레이션과 설계검토의 활용목적이라면 실물모형보다는 디지털 트윈 기술을 활용하여 가상의 공간에 구축하는 방식이 더 저렴하고 유용할 것이다. 다만, VIP를 위한 프레젠테이션이나 관광객을 유치하기 위한 관람 목적의 도시모형, 시뮬레이션의 최종 단계에서의 조형물로서의 도시모형의 필요성은 유지될 수도 있다. 이러한 변화를 오히려 기회로 활용하기 위해서는 디지털 트윈으로 구현하거나 해결하기 힘든 아날로그 방식만의 특화된 감동 포인트가 필요하다. 디지털 전환으로의 도전과 함께 실물모형만의 장점인 예술성과 전체를 조감할 수 있는 직관의 장점을 부각하고 가족이나 친구와 함께 얼굴을 마주하며 즐기고 나눌 수 감동 포인트와 전시적 연출을 더욱 확대해야 하는 이유이다.

이마트는 지난 2016년 RFID(Radio-Frequency Identification), 즉 전자태그의 활용을 고객에게 쉽게 알리기 위해 RFID 시스템 모형을 만들었다. 비교적 적은 비용을 들여 실물모형을 설치한 것만으로도 소비자뿐만 아니라 운용자까지 복잡한 절차 없이 직관적으로 이 시스템이 의미하는 바를 파악하고 활용할 수 있다. 또한 이런 형태의 모형은 반도체 생산 효율화 시뮬레이션을 종합적으로 확인하는 용도에도 쓰일 수 있는데, 이러한 가능성은 디지털 방식의 효율성을 아날로그 방식을 통해서도 실현할 수 있다는 것을 보여준다. 즉 공감과 직관의 매개체로서 실물모형의 방식도 지속가능한 제3의 길이 될 수 있다는 것을 의미하는 것이다. 따라서 반드시 아날로그 방식만도 디지털화의 방식만도 아닌 상호 간의 결합과 융합을 통해 디지로그(Digilog) 형태로의 방향성을 만들어 나가는 것이 건축모형업계의 새로운 지향점이 되어야 한다.

그림 2.15   이마트의 RFID 연출모형

소비자는 교육이나 절차 없이 한눈에 시스템을 직관적으로 보고 이해
할 수 있어 매우 편리하다.

버추얼 싱가포르 프로젝트가 성공이 아닌 실패 사례라는 시각도 있다. 이유는
1,000억 원에 가까운 과다한 스마트시티 구축비용뿐만 아니라 이를 유지하고 보수
하는 데에도 지속적으로 큰 비용이 소요되기 때문이다. 이러한 사례를 볼 때 모형
산업 제조시스템의 안정화와 효율화를 위해서는 건축모형산업의 디지털 전환에 앞
서 그 가능성 검토와 추격자 전략[4]의 활용, 그리고 서두르지 않되 한 계단씩 점진적
으로 나아가는 단계적 추진, 마지막으로 디지털과 아날로그의 장점을 결합한 하이
브리드 방식의 중간지점을 찾는 방안에 우선 집중할 필요가 있다.

5G를 위한 기반시설이 좀 더 확충되고 앞으로 6G의 시대가 도래한다면 디지
털 트윈 기술은 모형산업에 새로운 형태의 변화를 끌어낼 수 있다는 예측도 가능하

---

[4] 후발자가 성공사례를 빠른 시간 내에 벤치마킹하여 효율적인 생산과 관리를 결합하고 자사의 이익을 극대화시
키고자 하는 전략이다.

다. 공간과 공간이 디지털 형태로 완벽하게 연결되는 디지털 트윈이 구축되는 순간, 디자인과 건축의 브리지 역할을 하는 건축모형의 역할도 비로소 완성된다고 볼 수 있기 때문이다. 모형이 보여줄 수 있는 속성이 디지털화되고, 디지털의 편리함과 확장성이 모형 안으로 들어와 결국 아날로그와 디지털의 결합 형태의 완벽함 추구는 상호 간 엄청난 시너지로 작용할 수 있고 이러한 변화는 모형산업의 새로운 세계를 열어줄 촉매제가 될 수도 있다.

그림 2.16   **2021년 그라임스의 디지털 작품**

출처: 연합뉴스(https://img1.yna.co.kr/etc/inner/KR/2021/03/04/AKR20210304007400075_03_i_P4.jpg)

4. 유일무이함의 가치, NFT 기술

디지털 세계에서는 무엇이든 복제할 수 있다. 최초 생성된 파일이 수천, 수만 번 복제가 이루어진다고 해도 원본 파일은 털끝 하나 손상되지 않는다. 이러한 무한한 카피의 역설로 표현될 수 있는 것이 바로 NFT 기술이다. 디지털에 독자성을 부여한 것이다. NFT는 위·변조가 불가능한 블록체인 기술[5]을 사용하여 디지털 세계에서 오직 '단 하나'라는 꼬리표를 각인함으로써 유일함을 공인한다. 그래서 그 명칭도 '대체 불가능 토큰(Non-Fungible Token)'으로 불린다.

테슬라 CEO 일론 머스크의 연인으로 잘 알려진 캐나다 여가수 그라임스의 사례는 이러한 NFT의 특징을 잘 설명해준다. 그라임스는 2021년 자신의 노래를 배경음악으로 담은 디지털 그림 10점을 온라인 경매를 통해 팔아치우며 불과 20분 만에 약 580만 달러를 벌어들였다. 현실 세계가 디지털 세상 속에서 새로운 가치로 탈바꿈한 순간이다. 이러한 특별한 가치가 만들어지게 된 이유가 무엇일까? 구별하기 힘든 복제 파일이 아닌 유일성이 보장된 디지털 그림에 음악, 그리고 그라임스라는 셀럽의 이름값까지 더해져서 NFT의 소장가치를 최대로 높일 수 있었기 때문이었을 것이다.

그림 2.17 피플의 NFT 작품 'Everydays: The First 5000 Days'

---

5 데이터 분산 처리기술의 하나로 '공공거래장부' 또는 '분산 거래장부'라고 불리기도 한다. 이는 네트워크에 참여하는 모든 사용자가 모든 거래 내역 및 데이터를 분산하여 저장하는 방식으로 데이터 위·변조가 불가능한 것으로 알려져 있다.

이보다 더 큰 금액인 약 7,000만 달러에 팔린 디지털 작품도 있다. '비플(Beeple)'이라는 예명으로 활동하는 디지털 아티스트 마이크 윈켈만은 5,000일 동안 매일 제작한 작품을 하나로 모아 'Everydays: The First 5000 Days'이라는 제목의 NFT 작품을 만들었다. 디지털 기술과 예술이 결합해 또 하나의 새로운 가치를 창출한 것이다.

그림 2.18 명품 브랜드 구찌가 메타버스 플랫폼 제페토에서 공개한 디지털 패션

예술품 시장에서 이러한 NFT 기술은 모작과 위작 논란을 잠재울 수 있는 새로운 대안으로 떠오르고 있다. 또한 잘 알려지지 않은 신진 작가들에게는 작품을 쉽게 알리고, 전시하고, 판매할 수 있는 통로로, 공평한 기회의 장을 마련해 줄 수도 있다는 장점이 있다. NFT는 예술품 소비자에게도 접근을 용이하게 한다. 분할 소유가 가능하기 때문이다. 수십억 원이 넘는 작품이라도 각 개인이 단 몇 만 원만 가지고도 금액만큼 지분을 나누어 소장이 가능하다. 현실 세계의 작품이라면 불가능한 일이었을 것이다.

NFT의 이러한 장점은 특히 예술시장에 새로운 변화를 일으키고 있다. 2020년 1,130억 원에 불과했던 NFT 판매 규모가 2021년 약 30조 원대로 급증했다는

2022년 1월 10일자 로이터통신의 보도가 있었다. 이들 대부분은 예술품에 대한 거래이다. 하지만 최근 일반기업들도 NFT를 활용한 자사의 홍보나 매출증대의 가능성을 확인하고 시장진입을 적극적으로 시도하고 있다.

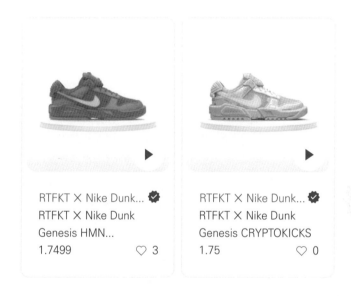

그림 2.19 NFT 거래소인 오픈씨에서 200~500만 원에 거래되고 있는 NFT 나이키 디지털 운동화

RTFKT × Nike Dunk... ✔
RTFKT × Nike Dunk
Genesis HMN...
1.7499   ♡ 3

RTFKT × Nike Dunk... ✔
RTFKT × Nike Dunk
Genesis CRYPTOKICKS
1.75   ♡ 0

삼성전자나 루이비통, 나이키 등 각 분야의 브랜드 기업들이 디지털 환경이나 메타버스에서 다양한 방법으로 NFT가 부여된 제품을 판매 또는 활용하고 있고, 드라마와 음악 등 엔터테인먼트 업계와 할리우드의 여러 스튜디오까지 합세해 새로운 미래의 새로운 먹거리를 찾아 나서고 있다. 이는 NFT가 명품이나 특별한 제품으로서의 희귀성을 보장하고 이슈화를 통해 적은 비용으로 더 큰 홍보 효과를 얻어낼 수 있다는 점과 미래의 고객인 MZ 세대와의 접점을 찾아 나가는 데 매우 효과적이라는 점이 작용한 것으로 보인다. 또한 NFT를 활용한다면 오프라인과의 연계를 통해 제품의 이력 관리가 가능해져 명품이나 예술품의 정품에 대한 논란을 방지하고 소비자의 권리보호와 거래의 편리함을 유도할 수도 있는 장점이 있다.

물론 NFT의 미래가 순탄한 것만은 아니다. 불법복제 파일을 원작자 동의 없이 NFT로 거래함으로써 이를 구매한 소비자에게 피해를 입힌다거나 악성코드의 전파 수단으로 악용될 가능성도 있다. 저작권 분쟁의 문제도 무시할 수 없다. 2021년 영화 펄프픽션의 감독 타란티노와 영화사 미라맥스 측의 저작권 분쟁 소송이 이를 증명한다. 현재 NFT가 판매되면 그 NFT에 대한 소유권은 구매자가 갖게 되지만, 현실에서 원작자가 가지고 있는 자산 자체에 대한 저작권까지는 이전되지 않는다. 소유권과 저작권이 분리되어 발생하는 이러한 문제에 대한 법적 제도적 장치가 뒤따르지 못하고 있는 점도 앞으로 넘어야 할 난관 중 하나이다.

그림 2.20 단 하나의 제품만이 존재하는 건축모형

건축모형은 단 하나의 제품만이 존재하며, 대부분 일정 기간이 지나면 폐기된다.

상상해 보자. 만일 현재 우리나라에서 가장 높은 빌딩인 롯데월드타워의 오피스텔을 분양하기 위해 2022년 10월 그 주변 서울의 모습을 담은 축척 1/100 크기의 모형 높이 5.5m짜리 건축모형을 만들어서 전시 중이라고 가정한다. 마침 BTS의 리더 RM이 방문해서 주택을 구매하기 위한 계약을 체결했고, 이를 기념하기 위해 건축모형에 모형나무를 심고 그 앞에서 모형제작자와 함께 사진을 찍는다. 이를

NFT로 만들어 경매에 붙였다. 얼마에 팔릴까? 오직 한 번뿐인 순간이며 하나밖에 존재하지 않는 희소성이라는 가치와 전 세계적으로 존재하는 BTS 팬들의 영향력을 보았을 때 아마도 상상 이상의 금액이 오갈 수 있을지도 모르겠다.

시장에서 다양한 분야로 NFT를 통한 소유권의 거래가 확장될 가능성이 가장 큰 이유는 실질적 소유의 주체가 그 통제권을 가질 수 있게 될 것이라는 점과 최초 창작자의 권한이 더욱 강화되리라는 점이다. 이러한 NFT의 특성을 잘 활용한다면 디지털 기술이 건축모형산업의 미래를 좀 더 긍정적으로 만드는 데 큰 도움을 줄 수 있다.

다가올 미래에 건축모형과 NFT의 결합이 구체화된다면 어떠한 형태로 구현될 수 있을까? 건축모형은 제작 공정의 특성상 재료를 가공하기 전에 컴퓨터상에서 여러 가지 디자인과 편집과정을 거친다. 그 과정에서 생성된 데이터의 범위와 완성도를 지금보다 좀 더 고도화시킬 수 있다면 이를 통해 메타버스라는 가상세계에도 건축모형을 제작하여 전시하기가 매우 용이해진다. 실물로 제작되기 전 단계의 데이터 자체를 여러 형태의 권한이 있는 NFT로 창작할 수 있기 때문이다. 그런 점에서 건축모형 분야는 NFT의 산업적 활용 측면에서 기술과 접근성의 두 가지 무기를 이미 손에 쥐고 있다고 볼 수 있다. 그 칼날을 잘 벼르기만 한다면 말이다. 최근 그 실현 가능성을 보여준 사례가 있었다.

2022년 6월 '27개 NFT 로켓, 서울 하늘을 수놓다'라는 제목의 기사가 매체에 실렸다. 미국 뉴욕의 현대미술가 톰 삭스가 현대카드 정태영 사장과 함께 NFT 프로젝트의 일환인 '로켓 팩토리 페인팅' 전시 개막을 기념하며 실제 로켓을 발사하는 행사를 가졌다는 보도였다. 커뮤니티 참여자가 로켓조합에 필요한 여러 요소를 골라 하나의 로켓 NFT를 조립하면 뉴욕에 있는 로켓 팩토리 스튜디오에서 실제 모형 로켓으로 제작해 NFT 소유자에게 발송한다.[6] 이는 NFT를 활용한 실물모형의 제작과 관련한 좋은 사례이다. 창의성과 아이디어만 있으면 얼마든지 다양한 형태의 모형창작이 가능하다.

---

6 김예림, 「27개 NFT 로켓, 서울 하늘을 수놓다」, 토큰포스트, 2022.06.26.

그림 2.21 톰 삭스 '로켓 팩토리 페인팅' 전시 포스터 – NFT와 모형의 결합 사례

이러한 NFT와 건축모형의 결합은 가상공간에서의 소유와 상업적 활용을 위한 전시, 홍보의 용도로 더 많이 활용될 것이고 현실 세계의 실물모형 또한 가치를 더욱 인정받는 상호 시너지의 효과를 가질 것이다. 그러기 위해서는 NFT의 정착을 위한 이해관계자들의 노력과 관련 법의 제정, 그리고 소비자가 더욱 신뢰하고 투명한 사회의 기반을 위한 NFT의 정착에 적극 동참해야 한다. NFT는 더 이상의 성장 동력을 찾지 못하고 있는 건축모형산업에 새로운 활력과 시장 확장을 가져다줄 핵심 기술 중의 하나로 자리매김할 가능성이 높은 기술적 이슈 중 하나이다.

5. 디지털 인류가 거주하는 신세계, 메타버스

2000년대 초반 회원 수 2,600만 명에 달했던 싸이월드를 많은 사람들은 기억할 것이다. 일명 '도토리'를 통해 자신의 분신인 아바타의 의상이나 가구 등 아이템을 구매하여 미니홈피를 꾸미거나 배경음악을 바꿀 수 있었다. 일촌의 미니홈피를 방문하고 일상을 확인하는 일은 지금처럼 SNS가 보편화되기 전까지는 친구들과 랜선으로 소통하는 거의 유일한 통로였다. 혹자는 싸이월드가 '시대를 너무 앞서간 메타버스의 전신'이라고도 하고, 또 어떤 이들은 "모바일 시대의 흐름에 적응하지 못한 실패의 교훈으로 삼아야 한다."라고도 한다. 그러한 싸이월드가 최근 '싸이타운'이라는 이름으로 메타버스 플랫폼을 열었다.

그림 2.22 메타버스 플랫폼 '싸이타운'(2022년 7월)

기존의 게임 위주보다는 관계 커뮤니티에 집중한다는 계획이다.

그림 2.23 ASF의 메타버스 로드맵을 기반으로 작성된 메타버스의 4가지 유형

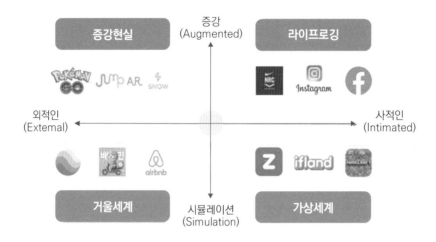

출처: 미국 미래가속화연구재단(ASF)의 메타버스 로드맵을 기반으로 저자 작성.

싸이타운은 이러한 플랫폼을 통해 쇼핑과 업무, 회의, NFT 생성 등 다양한 서비스를 제공할 예정이라고 밝혔다. 또한 메타버스 내에 조성된 상점에 앞으로 은행이나 영화관 각종 쇼핑 브랜드를 입점 시켜 사용자들에게 실질적인 구매와 서비스 경험이 가능하도록 발전시킬 것이라는 구상을 공개했다.

강원대학교 김상균 교수는 '메타버스가 코로나19 이전부터 존재해왔던 언택트 세계이며 스마트폰, 컴퓨터, 인터넷 등 디지털화된 지구, 인간이 디지털 기술로 현실 세계를 초월해서 만들어 낸 여러 세계'라고 정의하면서 이제 우리는 물리적 지구와 디지털 지구 모두에 발을 딛고 살아가는 인류가 되어야 한다고 강조한다.

메타버스는 현실 세계를 의미하는 '유니버스(Universe)'와 가공, 추상을 의미하는 'Meta(메타)'의 합성어로 1992년 닐 스티븐슨의 SF 소설 스노우 크래쉬에서 처음 유래된 말이다. 미국의 연구단체인 ASF(Acceleration Studies Foundation)에서 이를 4가지 형태로 분류했는데 일상기록(Lifelogging), 증강현실(Augmented Reality), 거울세계(Mirror Worlds), 가상세계(Virtual Worlds)로 구분한다. 김상균 교수는 위와 같은 메타버스의 4가지 형태 예로 일상기록은 페이스북과 같은 SNS,

증강현실은 게임 포켓몬고, 거울세계는 구글 어스, 가상세계는 컴퓨터 기반의 3D로 구현된 가상의 환경을 언급하며 이러한 네 가지 형태가 시간이 지날수록 융합되어 각 유형 간의 경계가 허물어지는 경향을 보인다고 설명했다.

그림 2.24	LG디스플레이가 2021년 실시한 메타버스 플랫폼을 활용한 신입사원 교육

출처: 뉴데일리 경제(https://biz.newdaily.co.kr/site/data/html/2021/07/08/2021070800029.htm)

LG디스플레이는 지난해 신입사원을 대상으로 메타버스 플랫폼을 활용한 교육을 실시했다. 신입사원들은 각자 편한 장소에서 컴퓨터를 통해 접속하는 방법으로 화상 소통과 미션 수행, 게임 등을 활용한 교육으로 팀워크와 여러 가지 필요한 정보를 얻을 수 있었다. 미국의 UC버클리 대학에서는 2020년 '마인크래프트' 메타버스 플랫폼을 이용해 졸업식을 거행했는데 이때 동시 접속자가 1만 명 이상이었다고 한다. 현실 세계에서는 어려운 수치이다. 이 밖에도 인터넷 부동산 플랫폼 기업인 직방은 지난해 초부터 오프라인 사무실에 출근하지 않고 메타버스 환경인 '메타폴리스'에서 근무를 시작했고, 포스코 건설도 올해 메타버스 가상사옥인 '메타스페이스'를 오픈해 유연 근무 형태로 거점 오피스 운영지원이 가능하도록 설계했다. 삼성전자, SKT, 네이버, 카카오, GS25 등 IT 업계뿐만 아니라 제조, 유통에 이르는 대기업들까지 자체 메타버스 플랫폼 또는 기존의 플랫폼을 통해 활발한 마케팅을 펼치고 있다.

공공기관도 예외는 아니다. 준 정부 기관인 코이카(국제협력단)는 2022년 10월 26일 '코이카 월드'라는 명칭의 메타버스를 열었다. 코이카는 공적개발원조(ODA)사업과 해외봉사, 재난구호, 국제기구와의 협력 등을 주목적으로 운영되는 외교부 산하 준 정부기관이다. '코이카 월드'에 접속하는 데에는 큰 제약이 없다. 전 세계 어디에서나 시간과 공간의 제약 없이 코이카가 벌이고 있는 원조와 봉사활동을 가상공간에서 다양한 체험을 통해 확인하고 경험할 수 있다.

그림 2.25 코이카가 메타버스에 오픈한 '코이카 월드'

출처: http://v.daum.net/v/WekqkJNFRL

카이스트의 우운택 교수는 2030년이 되면 메타버스 활용 인구가 10억 명에 이를 것으로 전망한다. 글로벌 시장조사 회사인 IDC는 확장현실(XR)[7]의 시장 규모가 2024년 약 150조 원에 이를 것으로 전망했고, PWC는 XR의 연관 산업이 약 658조 원의 GDP를 창출할 것으로 내다봤다. 이처럼 메타버스는 시간이 지날수록 선택이 아닌 필수의 영역으로 확장되고 있고 그 형태의 경계도 갈수록 허물어지고 있다.

그림 2.26 디지털 전환 수준과 생산성 증가율과의 관계

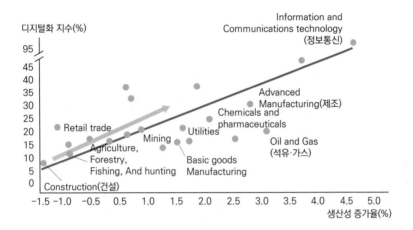

출처: 대한 건설정책연구원, "디지털 경제 가속화에 따른 건설산업 혁신 방안", 2020.

건설 관련 산업은 디지털 전환이 가장 더딘 분야이다. 따라서 자연스럽게 생산성과 관련된 지표들도 타 산업에 비해 낮은 수준이다. 건설정책연구원의 2020년 제조업을 비롯한 여러 산업의 디지털 전환 지수와 생산성 증가율과의 관계를 분석한 내용을 보면, 건설 관련 산업의 디지털 전환 지수와 낮은 생산성과의 관계를 잘 보여주고 있다.

메타버스는 이러한 건설 관련 산업의 디지털 전환을 도울 다크호스로 새롭게 떠오르고 있다. 건설 프로젝트는 대부분 많은 시간이 소요되는 특성이 있으며 예측

---

7   가상현실, 증강현실, 혼합현실 등 몰입형 기술을 포괄한 명칭(Extended Reality)

할 수 없는 현장 상황, 그리고 발주자의 변심 등의 이유로 설계가 변경되는 일이 매우 자주 발생한다. 그로 인한 공사 기간의 지연과 비용의 증가는 건설업계의 가장 큰 골칫거리였다. 이를 해결할 방안으로 BIM(Building Information Modeling)과 가상의 프로토 타입을 만드는 VP(Virtual Prototyping)가 떠오르고 있다.[8] 이 기술은 BIM과 VP로 설계된 3차원 건축정보를 구현된 가상현실에서 컴퓨터나 VR 기기를 활용해 발주자나 관계자가 시공 전에 확인할 수 있도록 해줌으로써 고객의 궁금증을 해소하고 좀 더 빠른 설계 협의를 이끌어 낼 수 있다는 장점이 있다.

그림 2.27   VR기기를 활용한 건축모형의 제작 진행과정 확인

중간단계에서 완성된 모형의 형태를 미리 확인하고 협의함으로써 시간과 비용을 크게 줄일 수 있다.

건축모형의 제작 전 설계과정과 프로세스도 위와 같이 실제 건축이 진행되는 형태와 거의 유사하다. 가상현실에서 완성된 건축모형의 형태를 미리 확인하거나

8   BIM은 가상공간에 다차원으로 기획부터 구조, 시공부터 유지관리 등 모든 설계를 단계별로 모델링하는 것을 말한다. 버추얼 프로토타이핑은 가상 프로토타입이 실물의 프로토타입을 대치할 수 있도록 컴퓨터에만 데이터의 형태로 존재하는 모델이다.

혹은 중간 단계의 과정에서 건물의 형태나 컬러, 조경 디자인, 진입로 등의 변경을 이러한 메타버스를 통해 협의하고 조율하는 것이 가능해지는 것이다. 완성된 이후 수정과 보완이 많은 건축모형업계의 입장에서는 제작비용과 기간을 줄일 수 있는 매우 효율적인 방법이라고 할 수 있다.

| 그림 2.28 | 울산 롯데캐슬 블루마리나 메타버스 모델하우스 |

자신의 아바타로 게임하듯 시간과 공간의 제약 없이 견본주택 관람이 가능하다.

출처: 롯데건설 홈페이지(https://www.lottecon.co.kr/medias)

그러나 메타버스를 활용한 기술이 건축모형산업에 플러스 요인만 있는 것은 아니며 시장잠식에 대한 우려도 어느 정도 존재한다. VR기기 등 장비가 발달하고 5G의 인터넷 환경이 보편화되면 메타버스를 통해 보는 세상은 더 정교하고 정밀해질 것이다. 6G로 접어드는 상황도 멀지 않아 올 것으로 예상된다. 그때가 된다면 건축모형 제작의 필요성이 아예 사라질 가능성도 존재한다. 디테일의 확인과 건축모형으로 얻을 수 있는 정보와 체험은 메타버스 내에서도 어느 정도 실현이 가능해질 것이기 때문이다.

하지만 비관적 시각으로만 바라볼 일은 아니다. 이 상황을 기회로 만들 방법도 분명히 존재할 것이기 때문이다. 메타버스는 건축모형 시장잠식의 포식자가 아니라 새로운 시장에 정착하도록 도울 수 있는 동반자가 될 수 있다는 전환적 인식이 필요하다. 그러한 변화를 위해서는 첫째, 건축모형 설계과정에서 도출되는 데이터를 고도화하고 메타버스라는 그라운드에서 이루어지는 부동산과 건축 관련 프로젝트에 업계가 좀 더 적극적으로 투자하고 직접 뛰어들어야 한다. 이미 경쟁은 시작됐다. 2022년 3월 22일 한국일보는 한 기사를 통해 "가상 아파트의 분양경쟁률이 실제 분양경쟁률을 훨씬 뛰어넘었으며 세계적인 가상 부동산 거래 제공 업체들이 국내 진출을 서두르고 있다."라고 보도했다.[9] 롯데건설과 두산건설 등 국내 건설사들도 이미 메타버스 내에 모델하우스를 만들어 분양 홍보에 적극 활용하고 있다. 여기에 방관자가 아닌 투자자로 함께 동참해야 한다.

둘째, 가상공간의 모델하우스 건축모형이 현실의 상태와 거의 근접하도록 품질을 향상시켜야 한다. 디테일과 현실감은 물론이고 거기에 디지털 영역에서만 가능한 미래 체험과 게임 형태의 몰입감까지 더할 수 있다면 실물모형과 차별화된 경쟁력을 가질 수도 있다. 거기에 NFT 기술을 활용, 아이디어에 따라 추가적이고 다양한 이익 창출도 가능할 것이다.

그림 2.29 증강현실로 재현한 18세기 수원화성 야간군사훈련

서장대야조도 AR 시스템

정적인 모형도 실감체험과 스토리텔링을 더해 현장감을 줄 수 있다.

---

9 최연진, 「"가상아파트 분양 경쟁률 장난 아니네" 메타버스 부동산 투자열기」, 한국일보 인터넷판, 2022.03.22.

셋째, 실물 건축모형에 메타버스를 연계시키는 전환적 방안을 연구해야 한다. AR기기를 굳이 사용하지 않더라도 개인형 단말기를 활용해 건축모형에도 증강현실을 적용할 수 있는 기술이 이미 상용화되어 있다. 이러한 시도와 노력은 고객이 실물모형에 더 관심을 갖고 자신의 IT 기기로 더 쉽게 메타버스에 진입해 직관적인 체험을 할 수 있도록 한다. 실물모형의 차별화와 고급화를 통해 고객에게 더 큰 감동을 줄 수 있는 것이다.

CHAPTER 02
영원불변하는 아날로그적 가치에 주목하라

1. 희소성과 유일성이 장점인 아날로그

그림 2.30 테니스에 열광하는 MZ 세대

    디지털에 익숙한 젊은 세대가 요즘 현실 세계로 뛰쳐나오기 시작했다. 일할 때를 제외하고 대부분의 시간을 게임과 SNS, 유튜브와 카카오톡을 통해서만 소통하

고 존재할 것만 같았던 MZ 세대가 테니스와 골프를 치고 함께 모여서 마라톤을 하며, 필름 사진기를 챙겨 들고 차박을 떠난다. 덩달아 테니스코트와 골프장 예약이 하늘의 별 따기가 되고, 관련 용품과 의류가 날개 돋친 듯 팔려나가고 있다. 기성세대보다 상대적으로 물리적 경험과 추억이 부족한 젊은 세대들이 시간과 비용이 더 소요되는 이러한 아날로그적 대상에 더 큰 관심을 쏟고 있다. 이들이 편리하고 효율적인 디지털 환경에서 아날로그를 의도적으로 선택하는 이유는 무엇일까?

『아날로그의 반격』의 저자 데이비드 색스는 이러한 아날로그 열풍을 '즐거움'과 '이윤'이라는 두 가지 단어로 진단했다. 즐거움은 논리적이거나 효율적이지 않다. 변화무쌍하고 예측하기 어렵다. 하지만 우리는 오히려 희소한 것, 결점이 있는 것, 아름다운 것에 더 열광한다. 직접 만지고 사용해보는 체험은 자랑할 만하고 인간다운 경험이 된다. 이야기와 시간이 함께 녹아든 유일성을 디지털은 흉내 내지 못하기 때문이다.

인간적 관계와 물리적 사물에 대한 경험을 IT 기기로 접했던 세대가 손으로 만질 수 있고 소유할 수 있고, 추억을 공유할 수 있는 아날로그에 대한 가치를 디지털 방식으로 쉽게 측정하기는 힘들 것이다.

실질적 이윤의 문제도 있다. 데이비드 색스는 "승자독식과 소득 격차라는 문제를 떠안고 있는 디지털 경제와 달리 아날로그와 디지털이 결합된 포스트디지털 경제의 모델은 거대기업과 중소기업 사이에서 이익의 균형을 맞출 수 있고, '거대한 IT 기업이 생기는 것보다 지역의 작은 상점들의 활성화가 더욱 넓고 크게 분배할 수 있는 이윤과 활력을 함께 발생시킨다.'라고 주장한다.

이러한 주장을 뒷받침하기 위해 최근 기업 고유의 아날로그 아이덴티티를 가지고 새로운 접근으로 다양한 분야에서 디지털 세상에 반기를 들거나 디지털과 아날로그의 결합을 통한 혁신과 성공의 길로 가고 있는 몇 가지 사례를 살펴보자.

2. 변함없는 탁월함, 배트맨과 펩시

지나가는 사람을 붙잡고 명품 시계하면 바로 떠오르는 브랜드가 무엇이냐고 묻는다면 십중팔구 '롤렉스'라고 대답할 것이다. 그렇다면 배트맨과 펩시를 아느냐고 묻는다면 역시 십중팔구 기대와는 다른 엉뚱한 대답을 할 것이다. 우리가 익히 잘 아는 그 영화 '배트맨'과 '콜라 펩시' 이야기 말이다. 여기서 배트맨은 2013년 출시된 롤렉스의 'GMT-마스터2'를 말하고, 펩시는 1955년 최초로 출시된 GMT 모델을 일컫는 별명이다. 시계의 베젤 컬러가 펩시나 배트맨의 것과 비슷하다고 해서 붙여진 이름이다.

| 그림 2.31 | 펩시와 롤렉스 GMT 마스터 |

출처: PepsiCo(https://www.pepsico.com), Rolex(https://www.rolex.com)

이들 별명을 가진 롤렉스 시계는 신제품이 출시되자마자 우리나라뿐만 아니라 전 세계적으로 물건을 구하지 못할 정도로 품절되었다. 시계를 구하기 위해 수백 명이 줄을 서서 밤새 기다리는 진풍경이 펼쳐지기도 했다.

롤렉스가 최고로 인정받는 데는 이유가 있다. '변함없는 탁월함'이라는 확실한 브랜드 철학이 있다는 것이다. 그들의 목표는 정확한 시간 제공과 '튼튼함'이었다. 그러한 목표가 세계 최초의 방수 시계를 탄생시켰고, 여기에 '변함없는 탁월함'의 브랜드 철학과 부합하는 스포츠를 대상으로 하는 마케팅을 더해 성공의 길을 걸을 수 있었다.

　편리성으로만 보자면 애플워치나 갤럭시워치를 롤렉스가 따라갈 수는 없다. 디지털 시계에는 우리에게 필요한 모든 기능이 들어 있다. 심박수나 걸음걸이를 체크할 수 있고 골프를 치며 거리를 측정할 수 있다. 스마트폰과 연결하여 전화를 받거나 문자 전송도 가능하고 시계 모양도 얼마든지 바꿀 수 있다. 하지만 기능이 뛰어나다고 해서 애플워치를 자녀에게 물려주려 하지는 않을 것이다. '변하지 않는 가치', '탁월함'의 단어 속에는 아날로그만이 품을 수 있는 많은 이야기들이 존재한다. 디지털이 흉내 낼 수 없는 영역이다.

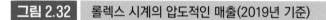

그림 2.32　롤렉스 시계의 압도적인 매출(2019년 기준)

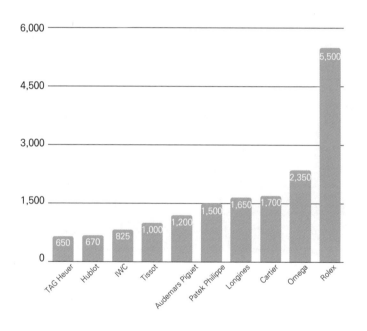

3. 복제할 수 없는 감성, 몰스킨

디지털 콘텐츠에 익숙한 세대일수록 아날로그 감성에 더 열광한다. 직접 만지고 사용해 보는 체험은 서로에게 자랑할 만한 인간적인 경험이 되기 때문이다. 아날로그는 복제가 되지 않는 유일무이한 원본이다. 디지털이 흉내 내지 못하는 부분은 대부분 아날로그의 시간과 감성이 함께 녹아드는 '스스로의 존재가치가 포함된 유일성'에 있다. 일기나 업무수첩은 그러한 감성에 가장 가까운 도구 중 하나일 것이다. 종이 위에 펜으로 무엇인가를 써 내려갈 때 느껴지는 촉감이나 소리, 시간이 지날수록 손때가 묻어 반듯하고 뻣뻣했던 종이의 질감이 점점 빈티지로 변해가는 그 과정들과 차곡차곡 쌓여나가는 기억의 흔적들을 어떤 다른 가치로 설명할 수 있을까?

| 그림 2.33 | '고흐, 피카소, 헤밍웨이가 사용한 노트'라는 스토리텔링으로 성공한 브랜드 몰스킨 |

이탈리아 기업 몰스킨은 지금도 연간 1,000만 개 이상의 수첩을 판매한다. 디지털 시대를 역행하는 듯한 매출 신장세도 이어가는 중이다. 이러한 성공에 대해 뉴욕타임즈는 수첩을 판매하면서 스토리텔링으로 '창조'라는 가치를 함께 팔아 성공했다고 분석했다. 몰스킨의 광고사진에는 주로 악보나 그림이 그려져 있는 것을 볼 수 있다. 디자이너와 작가들이 사용하고 있다는 것을 강조하기 위함이다. 또한

자사의 제품을 단순히 '수첩'으로 국한하지 않고 '쓰이지 않은 책'으로 표현한다. 누구나 창조적 표현으로 완성해 나갈 수 있다는 여백을 강조한 것이다.

그림 2.34 몰스킨에서 출시한 아날로그와 디지털 결합 방식의 노트와 펜 '스마트 라이팅 세트'

주목할 만한 점은 이러한 몰스킨이 디지털과의 경쟁을 선택하지 않고 아날로그와 디지털 사이의 가교역할을 하겠다고 선언했다는 것이다. 이를 위해 몰스킨은 스마트노트인 '페이퍼 태블릿'과 카메라가 내장된 '스마트 펜'을 차례로 출시하면서도 실제 종이에 그림을 그리거나 글씨를 쓰는 느낌을 살리려 애썼다. 이를 두고 이코노미스트는 '모두가 포기한 손글씨의 가치'를 지킨 것이며 '아날로그만을 고집하거나 모든 것을 디지털화하지 않은 것이 몰스킨의 성공 이유'[10]라고 평가하기도 했다.

아날로그의 외형만을 고집하는 것은 바보 같은 짓일 수 있다. 제품에 투영된 아날로그적 핵심 가치를 지켜야 하는 것이다. 디지털은 아날로그의 경쟁 상대가 아니라, 아날로그의 핵심 가치를 더 증폭시킬 수 있는 기재가 되어야 한다. 건축모형산업의 미래도 이와 마찬가지이다. 아날로그냐 디지털이냐를 고민할 것이 아니라 상상

---

10 윤신원, 「디지털시대에도 수첩 1,000만 개 파는 '몰스킨'의 비결은」, 아시아경제, 2020.03.06.

속 디자인과 현실의 건축 사이에서 더욱 훌륭한 가교 역할을 담당할 수 있도록 하는 것이 중요하다. 그로써 건축모형이 가진 핵심 가치를 더욱 공고히 한다면, 건축모형의 장래는 매우 긍정적일 것이다. 우리는 몰스킨과 소니의 이러한 사례처럼 아날로그와 디지털, 둘 다 포함할 수 있는 현명한 선택이 무엇인지 고민해야 한다.

4. 고객 경험 혁신을 선사한 위버스 플랫폼

그림 2.35 소니의 턴테이블 PS-HS500

아날로그 사운드 재생과 함께 디지털 리팅도 지원하며, 이를 통해 LP의
아날로그 음원을 디지털 음원으로 저장할 수 있다.

불과 수년 전 BTS의 월드투어 서울 공연을 보기 위해 한국을 방문한 해외 팬들은 많은 불편을 감수해야 했다. 티켓을 사기 위해 전쟁 아닌 전쟁을 치러야 했고, 숙박이나 교통을 예약하고 알아보는 것도 쉽지 않았다. 더구나 굿즈를 사려면 공연장에서 아침 일찍부터 길게 줄을 서는 것은 당연했고 좋아하는 가수의 최신 정보를 얻기 위해 팬 카페와 SNS를 들락거리거나 소속사 사무실 앞에서 몇 시간이고 기다리기 일쑤였다. 팬덤 활동은 매우 불편했고 그러한 불편의 감수가 당연시되었던 시기였다. 디지털 변혁과 4차 산업혁명이 여러 사회적 이슈를 점령했었고, BTS 서울 공연의 경제 효과가 1조 원에 달한다는 보도가 잇따르던 시기에 말이다.

그래서 2019년 6월 탄생한 플랫폼이 '위버스'이다. 위버스는 현재 세계 최초, 세계 최대의 팬 커뮤니티 플랫폼으로 평가받는다. 2021년 기준으로 앱 다운로드 누적 횟수는 5,700만 건을 넘어섰고, 매출은 2,394억 원에 달해 246개국 글로벌 팬덤 플랫폼으로 확장했다. 미국 경제전문지 페스트컴퍼니가 '2020년 세계에서 가장 혁신적인 기업의 하나' 중 위버스를 개발을 주도한 하이브를 4위로 선정한 이유이기도 하다.[11]

그림 2.36 위버스 플랫폼 화면

---

11 리맴버 나우, 「BTS-아미 연결한 '방탄플랫폼' 성공비결」, 2022.09.25.

방시혁 하이브 의장은 이 비결을 '고객 경험 혁신'이라고 말한다. 이를 위해 개발단계에서부터 분명한 목표를 설정했다. 흩어져 있는 고객들의 데이터를 한곳에 모아서 1) 고객이 누군지 어떤 성향이 있는지 파악하고, 고객이 좋아하는 아티스트 팬덤 활동에 몰입이 가능하도록 지원하되 다양한 아티스트를 한곳에 묶어내는 플랫폼을 기획하여 2) 미래의 성장성을 담아내고, 팬이 주도하는 문화의 공간으로써 3) 팬과 아티스트가 소통할 수 있는 장치를 마련했다. 이외에 IT기술을 활용한 현장감 있는 온라인 공연과 15개 언어의 번역 기능, 그리고 오프라인 고객 경험을 위한 티켓과 굿즈의 온라인 판매를 통해 팬들의 불편함은 크게 개선하고 참여와 경험의 편리성은 높인 것이다.

| 그림 2.37 | '위버스'를 통해 기록적인 성장을 이룬 하이브의 실적 추이 |

(단위: 억 원)

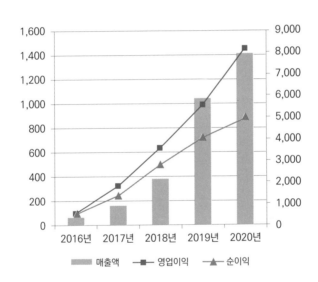

출처: 금융감독원 전자공시시스템

이러한 플랫폼을 통해 하이브는 아티스트가 직접 음원 발매와 공연에 참여하지 않아도 2021년 기준 전체 매출의 약 60% 비중을 간접 참여형 매출로 늘릴 수 있었다. 이는 다시 아티스트의 컨디션과 콘텐츠의 품질향상으로 이어져 기업의 지속 가능한 선순환의 구조를 만들 수 있게 된 것이다.

이것이 끝이 아니다. 미국 라스베거스에서 '더 시티'라는 제목으로 2주간 열린 콘서트를 주목할 필요가 있다. 코로나19로 인해 위축되었던 사회 분위기는 그룹의 대면공연 축소로 이어졌고, 팬들과의 직접적인 대면 없는 온라인에서의 활동만으로 아티스트의 모든 것을 담아내기는 어려웠다. 또한 팬들은 직접 바라볼 수 있는 자리에서 공통의 관심사를 갖고 있는 다른 팬들과 함께, 우상을 바라보며 같이 노래하고 공감하고 소통하기를 원했다. 하이브와 BTS 미래에 대해 회의적인 시각이 조금씩 고개를 들기 시작했다.

그림 2.38   2022년 4월 라스베거스에서 '더 시티'라는 제목으로 열린 BTS 콘서트

오프라인 공연과 온라인 중계가 동시에 이루어졌고 시청자는 온/오프라인
통틀어 약 62만 명에 이른다.

출처: https://jmagazine.joins.com/forbes/view/335937(사진: 빅히트뮤직)

이러한 우려를 일시에 해소한 것이 라스베거스에서의 공연인 '더 시티'였다. 이 공연은 같은 장소에서 열렸던 CES의 방문객인 45,000명보다 약 두 배를 뛰어넘는 114,000명을 불러들이며 93,000건 이상의 상품 결제를 이끌어냈다.[12]

12   박동선, 「하이브, 첫 '더 시티' 성료⋯ 미 라스베이거스 'BTS CITY' 11만 4천 명 방문」, 전자신문, 2022.04.21.

중요한 점은 오프라인 공연 및 여러 이벤트와 함께 하이브의 플랫폼인 '위버스'의 서비스를 함께 제공함으로써 시너지 효과를 극대화했다는 점이다. 아티스트의 공연과 축제 분위기 그리고 팬들이 원하는 경험을 온라인과 오프라인 모두에서 실현가능하다는 것을 보여 준 새로운 엔터테인먼트 비즈니스모델을 우리에게 확인시켜 준 결과였다.

이러한 사례는 건축모형산업이 어떤 방식으로 진화해야 하는가에 대한 방향을 제시해 준다. 가장 중요한 목표는 아날로그든 디지털이든 고객이 느끼는 경험에 대한 혁신이 이루어져야 한다는 것이다. 아날로그 방식의 고집만으로는 분명 한계가 있다. 그러한 목표가 분명하다면 우리가 그 둘을 동시에 추구해야 하는 전략과 나아갈 길은 더욱 명확해질 수 있을 것이다.

CHAPTER 03
가치의 전달방식을 달리하라

1. 가치의 다차원성과 아날로그적 가치

그림 2.39   세대별로 각기 다른 가치소비

소비자들이 제품이나 서비스에 대해 느끼는 가치는 어떻게 진단하고 평가할 수 있을까? 예를 들어 아파트를 분양받기 위해 모델하우스에 방문하여 잘 만들어진 축소된 크기의 건축모형을 확인하며 얻을 수 있는 만족감과 메타버스에 접속해 사이버 모델하우스에 설치된 사이버 건축모형을 통해 느낄 수 있는 경험 중에 어떤 것이 더 만족스럽고 가치 있다고 느낄까? 제3자는 잘 알 수 없는 일이다. 소비자의 성향에 따라, 집에 대해 갖는 주관적 가치에 따라, 혹은 시간에 대한 관념에 따라, 가진 재산에 따라, 그날의 기분에 따라, 우리가 객관화하기 어려운 수많은 이유와 혹은 각자의 고유한 문화와 처한 환경에 따라 모두 다를 수밖에 없다.

<표 2.2> 고객가치의 개념 정리

연구자	개념
Zeithaml(1988)	고객이 제공한 모든 것과 제공받은 모든 것에 기초한 상품의 효용에 대한 고객의 전반적인 평가
Bojanic(1996)	다양한 가치형태로 나타나는 지각된 가치
Woodruff(1997)	제품 속성, 성과, 그리고 고객의 사용상황에서 목적과 의도를 달성하기 위해 조정되어지는 결과에 대한 고객의 지각된 선호와 평가
Kotler & Keller (2006/2007)	고객의 지각된 가치를 모든 이점(혜택)에 대해 예상되는 고객의 평가와 제공물 및 지각 간 대체안들의 모든 비용들 간의 차이
Holbrook(1999)	상호 간의 상대적인 선호 경험
Haksever et. al.(2000)	고객 욕구를 만족시키거나 고객에게 편익을 제공하는 제품이나 서비스의 능력

그렇다면 학자들은 소비자가 느끼는 이러한 가치를 어떻게 정의했을까? Holbrook은 고객가치를 '상호작용적, 관계주의적 선호경험'으로 정의하면서 이를 경제적, 쾌락적, 사회적, 이타적 가치의 네 가지 차원으로 분류했다. Sweeney와 Soutar라는 학자는 고객이 느끼는 가치의 차원을 감정적, 사회적, 가격, 품질(성과)의 네 가지로 나누었다. 또한 Sheth 외 많은 다른 학자들은 가치를 제품의 기능과 품질, 가격 및 서비스 등과 같은 실용적 특성 또는 물리적인 용도와 관련된 기능적 가치, 제품을 사용하는 사회의 계층 구간과 관련된 사회적 가치, 제품 소비에 의해 긍정이나 부정적 감정 등의 형성과 관련된 정서적 가치, 제품 소비의 특정한 상황과 연관된 상황적 가치, 제품 소비를 자극하는 신선함, 호기심의 형성 등과 관련된 인식적 가치 등 5개의 차원으로 구분하고 있는데 이는 이들 요인들이 소비자의 시장 선택에 가장 큰 영향을 줄 수 있다는 것을 말하고 있다.

결국 가치라는 것은 상대적인 개념으로 많은 의미를 내포할 수밖에 없고 경제적 측면만이 아니라 경험적인 측면까지 반영하는 다차원적 개념이라고 정의 할 수 있다.[13] 다시 정리하자면, 가치란 다차원적 구성개념으로써 '구매와 소비를 통한 감정'까지 반영하는 것이 바람직하다는 이야기이다.

<표 2.3> 가치의 차원에 대한 연구

연구자	속성과 효익 차원		가치 차원	
Young & Feigin(1975)	기능적 효익	실질적 효익	감성적인 차원	
Rokeach(1973), Howard(1977)	제품 속성	선택의 기준	수단가치	최종가치
Meyers & Shocker(1981)	물리적 특성	물리적 특성	기업의 가치	사용자 차원
Geistfeld, Sproles & Badenhop (1977)	구체적, 단일차원, 측정가능한 속성	추상적, 다차원적, 측정가능한 속성	추상적, 다차원적, 측정의 어려움	
Cohen(1979)	속성	도구적인 속성	고가치적 상태	
Gutman & Reynolds (1979)	속성	결과(중요성)	가치	
Olson & Reynolds(1983)	구체적 속성	추상적 속성	도구적 가치	최종가치
Peter & Olson(1990)	구체적 속성 / 추상적 속성	가능적 혜택 / 심리사회적 혜택	수단적 가치	최종가치

지금까지 학자들은 일반적으로 가치를 '재화나 서비스의 활용을 통해 느끼는 개별적 만족감의 크기'라는 좁은 의미의 개념으로 인식해 왔지만, 이후 많은 연구

---

13 Mathwick, Malhotra & Rigdon, 2001; Babin, Darden & Griffin. 1994; Zeithaml.1988; Rust et al., 2000; De Ruyter et al, 1998; Sinha & DeSarbo, 1998; Sweeney & Soutar, 2001; Woodruff, 1997.

자들은 가치를 '서비스 품질과 그 서비스를 얻기 위해 지불해야 하는 희생의 일종인 비용과 시간 간의 상호상쇄효과'로 정의[14]하면서 가치라는 것은 결국 주관적 측면이 크게 좌우한다는 것을 고려함으로써 단순히 제품획득에 의해서만이 아닌 소비자의 경험에 의해 만들어지는 관점을 점점 더 강조하고 있음을 알 수 있다.

위와 같은 연구들을 볼 때, 가치가 전달하는 의미는 소비자마다 다른 반면, 서비스 가치는 소비자가 서비스에 대해 지불한다고 믿는 것과 그 서비스를 통해 얻어지는 가치로 구분하고 서비스의 효용가치에 대한 소비자의 전반적인 평가라고 말할 수 있다. 이러한 연구들은 가치가 소비자의 지각과 밀접한 관련이 있음을 말해준다. 지각된 서비스의 혜택이 지각된 서비스 가격보다 수준이 높을 때 지각된 서비스가치는 결국 소비자에게 긍정적인 느낌으로 전달된다. 이때 소비자들은 지불한 것에 비해 그 이상을 얻었다고 생각하는 반면 반대의 경우에는 부정적으로 인식된다. 따라서 이러한 서비스 가치는 각각의 소비자 개인적 특성에 따라 서로 다르게 받아들여지는 것이다. 결국 소비자의 지각은 소비자의 성향과 경험, 환경에 의해 많은 부분이 결정되므로 다차원적이고 주관적이라고 말할 수 있다.

그림 2.40 다차원적인 의미를 가지는 가치

가치란 다차원적이며 가치 있는 제품과 서비스를
찾는 의미는 저마다 다르다.

---

14 Bolton & Drew.1991; Holbrook & Corfman. 1985; Zeithaml. 1998; 김상현, 오상현, 2002.

최근 아날로그 제품과 옛것을 찾는 젊은 층의 관심이 급격히 커지고 있다. 시장조사업체인 트렌드모니터가 2021년 전국 성인남녀 1,000명을 대상으로 설문한 결과, 응답자 49.4%가 '아날로그적 상품에 더 관심이 많이 간다'고 답했고 이 중 20대와 30대는 각각 50.8%, 52.8%로 나타났다고 한다.[15] 소비자는 효율성과 편리성이 더 큰 제품이나 서비스를 찾는 것이 상식적이다. 그러나 이처럼 아날로그에 대한 관심이 점점 커지는 이유는 무엇일까? 우리가 말하고자 하는 아날로그적 가치란 과연 무엇일까? 감성을 자극하거나 과거를 떠올리게 하는 제품이나 직접 경험하고 체험해보는 서비스에 대해 기성 세대뿐만 아니라 디지털이 익숙한 밀레니엄 세대까지 더욱 관심을 가지는 이유는 앞서 강조했듯이 각자가 느끼는 가치가 다차원적이고 주관적이기 때문일 것이다. 디지털의 편리성과 효율성이 아무리 크다고 해도 디지털이 주는 가치를 대가로 무엇인가를 잃고 있는 것이 있다고 생각하는 소비자가 존재하는 한 그렇다.

그림 2.41　LP로도 발매된 '슬기로운 의사생활' 드라마 OST

출처: 굿타임 미디어(https://goodtimemedia.co.kr/product/detail.html?product_no=21&cate_no=45&display_group=1)

15　강한나, 「옛 향수에 빠지다… MZ세대 강타한 '뉴트로'」, 쿠키뉴스, 2022.09.02.

디지털이 주는 편리함을 대가로 지금 잃고 있는 것이 무엇이냐고 묻는다면 소비자 입장에서는 '경험' 혹은 '기록과 기억의 차이'에 있다고 답할 수도 있을 것이다. 인간의 감성이 '호감'에서 '사랑'으로 변할 때 아날로그적 사고는 그 사이 존재하는 감정들을 셀 수 없을 만큼 연속적이라고 생각하겠지만, 디지털은 단지 '호감'과 '사랑'으로 기록하고 분류한다. 생각해 보면 디지털 기술은 디지털로 표현되는 모든 결과물을 인간으로 하여금 아날로그적으로 인식하게 하기 위해 발전해 온 것이며 디지털은 아날로그를 완벽하게 재현할 때 완성된다.[16]

디지털이 익숙한 '디지털 네이티브'의 관점에서 보면 새롭고 흥미 있는 것은 오히려 아날로그이다. 그렇기에 디지털을 과대평가하지 말고 아날로그를 과소평가하지 말아야 한다. 양쪽의 적절한 균형이 중요하다. 생산성의 향상과 효율을 위해 스마트 공장을 구축하고 로봇과 3D프린팅을 활용하는 것이 중요하듯 소비자에게 경험과 감성을 선물하기 위해 모형장인의 수작업과 전체 구성의 조화를 위한 디자이너의 마무리도 중요하다.

건축모형의 아날로그적 가치는 고전적 제작방식과 완성품의 예술성, 그리고 희소성에도 존재하지만, 고객에게 전달하는 스토리와 여러 전시기법을 활용한 감동 또는 감성적 만족감을 주는 것에 있다. 그러한 가치는 지키고 더욱 발전시켜야 하고 그러한 가치를 최대한 잃지 않는 범위에서 세밀한 디지털 전환 전략을 세워야 한다.

2. 디지털과 아날로그 가치의 효과적인 결합과 시너지

모델하우스에 전시되어 있는 실물건축모형을 통해 고객이 얻을 수 있는 고객가치와 사이버 모델하우스를 통해 얻을 수 있는 고객가치는 각각의 고유한 가치로 존재하지만, 제로섬 게임의 적대적인 관계가 아니라 상호보완적이며 유기적인 결합이 가능하다. 고객은 모델하우스를 방문하여 직접 보고, 만지고, 소통함으로써 원하는 가치를 얻을 수 있을 것이고, 원하는 장소에서 원하는 시간에 더 간편하게 접근 가

---

16 채희태, 「디지털 시대에 '아날로그'가 꼭 필요한 이유」, 지디넷 코리아, 2021.04.06.

능한 디지털이 제공하는 방식의 가치를 더 선호할 수도 있다. 혹은 이 두 가지를 모두 원할 수도 있다. 이처럼 고객이 가진 여러 욕구를 만족시키는 데는 오직 아날로그의 방식을 통해서만 가능한 것도 아니고 아날로그 형태를 모두 디지털화한다고 해서 도달할 수 있는 것도 아니다.

| 그림 2.42 | '직방'의 모바일 화면 |

디지털 방식과 아날로그 방식에 대해 소비자가 느끼는 가치는 서로 다를 수 있으며, 이 두 가지 가치의 상호결합을 통한 시너지를 창출할 수 있다.

출처: 아주경제(ajunews.com/view/20200518145810745)

예를 들어 부동산 중개사이트인 직방이 모바일에서 3D 형태로 제공하는 '모바일 모델하우스 분양 서비스'는 고객이 접근하기 편리하고 특별한 경험을 하게 하는 장점을 가진다. 건축모형산업에서 쉽게 따라 하기 어려운 부분이다.

반면 실물의 존재에 대한 안정감 및 직접적 체험 효과는 건축모형만의 아날로그적인 장점이 될 수 있다. 만일 건축모형회사가 직방과 협업을 통해 상호 필요한 정보와 시스템을 공유함으로써 모형을 통해 아날로그와 디지털의 결합을 이뤄낸다고 가정해 보자. 특정한 코드를 인식하는 방법으로 모바일 기기로 증강현실을 경험할 수 있고, 반대로 외부의 다른 공간에서 모형을 통해 수집된 여러 업데이트된 정보들을 모바일 기기로 확인 가능한 형태의 결합이 이루어질 수 있다면 엄청난 시너지를 불러일으킬 수 있을 것이다. 이는 최근 MZ 세대의 구매방식인 '온라인 검색 - 매장 체험 - 온라인 구매'의 형태와도 일치하는 부분이 있다. 한발 더 나아가 분양 중인 3D 형태의 모바일 모델하우스가 마음에든 고객은 요청을 통해 모형 키트를 직접 제공받고, 이를 직접 조립해 가며 자신의 집을 더 직접적으로 구상, 체험할 수 있는 서비스를 만들 수도 있다. 아날로그와 디지털의 선순환적인 결합은 이처럼 다양한 방식으로 만들어 갈 수 있는 것이다.

결론적으로 건축모형이 체험과 스토리, 실제로 만지고 느끼는 실체적 만족감과 안정적 감성을 선사한다면, 편리함과 간편함 그리고 확장성은 디지털을 통해 훨씬 쉽게 구현 가능하다. 이러한 각각의 장점들은 아날로그와 디지털의 유기적인 결합을 통해 궁극적으로 기업이 고객에게 제공하고자 하는 온전한 제품 또는 서비스형태로 제공될 수 있는 것이다. 이들의 결합은 고객 입장에서는 아날로그 방식에서 얻을 수 있는 만족감과 디지털이 주는 편리함 및 고객경험 향상의 효과를 모두 얻을 수 있고, 생산자 관점에서는 시장의 확대와 새로운 비즈니스모델로의 자연스러운 전환 효과를 가져다 줄 것이다.

3. 모형산업의 비즈니스모델과 디지털 전환 전략

우리는 모두 '디지털 전환은 이미 거스를 수 없는 흐름'이라는 것을 본능적으로 깨닫고 있다. 하지만 어디서부터 첫 단추를 끼워야 하는지, 무엇부터 변화시켜야 하는지, 어떠한 아날로그적 가치를 지켜야만 하는지 막막하기만 하다.

디지털 기술이 지배하는 환경에 태어나지 못한 세대들은 디지털의 바다에서 나고 자란 물고기와 경쟁하기 위해 새로운 생존기술을 익혀야 할 것 같은 위기의식에 사로잡혀 있다. 하지만 맹목적인 디지털 전환이 모든 것을 해결해 주는 만능키는 아니다. 아날로그적 가치를 이해한다면 반드시 지켜야 할 것과 빠른 변화가 필요한 것을 구분하는 것이 중요하다는 것을 잘 알 것이다. 아날로그적 가치 위에서 디지털 결합의 시너지를 추구해야 할 것과 디지털로 이루어진 세계 속에서 아날로그적 디테일을 찾아야 하는 것을 구분해야 한다.

<표 2.4> 디지털 전환 전략을 위한 연구 사례들

학자	연구 내용	의미 또는 주장
Bharad waj, El Sawy, Pavlou, and Venkatraman, 2013	차별적 가치를 창조하기 위해 디지털 자원을 활용함으로써 만들어지고 실행되는 조직적 전략 Key(범위, 규모, 속도, 비즈니스 가치 창조 또는 취득)	디지털 변혁 전략에 대해 생각하도록 가이드해야 함
Hess, Matt, Benlian, wiesbock, 2016	전략 자체만으로 충분하지 않음	방향을 잃지 않게 도울 수 있는 독립적인 디지털 변환 전략이 필요
Ismail, Khater, Zaki, 2017	새로 개발된 학술 문헌과 기구는 특정 측면과 실패만을 다룸	큰 그림을 보여주지 못함
Hess et al., 2016; Kane, Palmer, Phillips, Kiron, & Buckley, 2015; Matt, Hess, & Benlian, 2015	전략이 디지털 변혁의 원동력이지만, 최근 몇몇 연구만 주제에 대해 전체적인 접근 시도	디지털 변혁을 분석하는 데 서로 다른 관점을 제시
Matt et al, 2015; Kruschwitz, Bonnet, Welch, 2014	산업 분야나 회사에 관계 없이 전략은 4가지 차원으로 분석될 수 있음(기술의 사용, 가치 창조에 대한 변화, 구조적인 변화, 재무적 측면)	CEO 설문조사는 소비자 경험, 운영 프로세스, 비즈니스모델이 디지털 변혁의 중심이 되는 세 가지 기둥
Westerman, Bonnet, McAfee, 2014	'소비자 경험, 운영 프로세스, 비즈니스모델'이라는 세 가지 요소에 각각 3가지 요소를 추가로 설명	가변성과 다양성의 증가에 대한 인식
Andriole, 2017	디지털 변혁의 다섯 가지 믿음	분석, 비교, 결과 평가 어려움

이러한 구분을 위해서 그에 맞는 전략을 소개한다. 디지털 전환 전략을 위한 방식과 의의에 대한 분석과 많은 주장이 있는데 각자의 상황에 따라 너무나도 다양한 변동성이 존재하는 이유로 기업의 입장에서 그동안 디지털 전환 전략은 갈수록 불분명하고 모호해질 수밖에 없었다.

그림 2.43 두 가지 기준에 의한 디지털 전환 수준과 위치

디지털 운영에 대한 비즈니스모델의 숙달 수준 \ 디지털 기술의 숙달 및 장악 수준	High	Low
High	Disruptive	Business model 주도
Low	Technology 주도	Proud to be analog

출처: Zeljko Tekic and Dmitry Koroteev(2019)

2019년 Zeljko Tekic과 Dmitry Koroteev는 「디지털 기술의 숙달 또는 장악의 정도와 디지털 운영에 대한 비즈니스모델의 준비성」이라는 논문에서 두 가지 차원에서 디지털 전환 수준과 위치에 대한 평가를 시도함으로써 이러한 불명확성을 해소하고자 했다.

첫 번째로, 이 기준에 의하면 네 가지 와해적인 디지털 전환이라고 해석할 수 있는 'Disruptive' 섹터의 기업은 디지털 운영에 대한 비즈니스모델의 숙달 수준과 회사가 경쟁하는 섹터와 관련된 디지털 기술의 숙달 및 장악 수준이 높은 IT 기업들, 아마존, 메타, 우버, 카카오 등을 예로 들 수 있다. 이들 기업의 특징은 물질적 자원이나 공장, 일정한 루틴, 규칙이 거의 없고 마켓의 정확한 문제 규명을 통한 가치 제안의 본질을 변경함으로써 파괴적인 변화를 이끌어 내고 있다는 것이다. 비전이 주도하는 기업가 정신과 창조적 조직문화가 회사의 성공에 결정적 영향을 미칠 수 있지만, 너무 빠른 규모 확장이나 반대로 너무 느린 시장 환경에 대한 대응은 실패로 이어질 수 있다.

두 번째로, 'Business model 주도' 섹터의 기업의 디지털 전환 전략은 새로운

기회의 발굴에 있다. 회사가 디지털 기술의 숙련도는 비교적 낮으나 디지털 기술에 대해 비교적 높은 수준의 비즈니스모델이 준비되어 있을 경우가 여기에 해당된다. 미쉐린타이어, 필립스 조명 등의 회사나 소비자 금융, 보험서비스, 미디어 등의 회사들이 이러한 사례에 속한다. 변화의 압박과 갈수록 치열해지는 경쟁적 환경, 그리고 시장과 마진의 축소의 상황에서 디지털 전환이 성공한 기업의 비슷한 예를 고려하고 가능한 사업군 부터, 위로부터의 강한 리더십으로 디지털 전환을 시도하려는 특징이 있다. 이러한 경우는 대체로 외부의 조직이나 도움을 필요로 한다. 기존의 장점인 충성고객과 브랜드, 파트너, 설립 기반 등의 장점을 이용하고 파괴적 혁신을 이룬 기업으로부터 가능한 한 빠르게 얻어내려는 전략이 유효하다. 다만 개방형 혁신에 대한 이해의 부족과 기존 방식의 수익 추구 또는 기존 방식의 변화에 대한 지속적인 지원이 부족할 경우 오히려 기회를 놓치는 경우도 있을 수 있다.

세 번째로, '기술 주도' 기업의 디지털 전환 전략이다. 디지털 운영에 대한 비즈니스모델의 준비성이 낮고 회사가 경쟁하는 섹터이며 관련된 디지털 기술의 높은 숙련도가 높은 경우에 해당된다. 이전에 이미 성공을 경험한 회사일 확률이 높고 새로운 기술에 좀 더 많은 투자가 이루어지고 있는 회사이다. 최적화와 비용 절감을 위한 디지털 전환을 목표로 하고 실패를 회피하고 변화에 대해 보수적이다. 비교적 진입장벽이 높은 자동차산업이나 가전제품 제조업, 헬스케어 산업 등을 예로 들 수 있다. 좀 더 높은 수준의 디지털 전환을 위해 상향식 접근을 허용하고 장려하며 소규모 혁신 태스크포스 그룹에 비공식적이고 비계획적인 실험의 실행에 대한 권한 부여가 필요하다. 신기술의 성공을 디지털 전환으로 착각하기 쉽고 기존 임직원들의 보수적인 사고방식과 각각의 비즈니스 문제를 각각의 기술을 사용하여 해결하려 하는 것은 기술 주도 기업의 디지털 전환을 방해하는 큰 위험 요소라 할 수 있다.

| 그림 2.44 | 2021년 세계 명품 브랜드 순위 |

아날로그 방식이 익숙한 세계 명품 브랜드 기업들도 온라인으로 고객이 직접 체험할 수 있는 체험형 마케팅을 점차 확장하고 있다.

　　마지막으로 'Proud to be analog' 섹터의 기업은 디지털 운영에 대한 비즈니스모델의 준비가 낮은 수준이며 회사가 경쟁하는 섹터와 관련된 디지털 기술의 숙련도 또한 낮은 수준의 기업들을 말한다. 주로 명품 제조 기업인 롤렉스, 루이비통, 구찌 등이 이에 속한다고 할 수 있다. 이들 기업들은 주요 제품이 아날로그이기 때문에 소비자에 의해 더욱 가치 있게 여겨질 가능성이 크다는 장점이 있다. 이를 위해 극도의 차별화를 경쟁전략으로 이용하므로 생산량의 확대나 자동화에 큰 의미를 부여하기 힘들다. 필요보다는 소비자의 욕구, 즉 '소비자에 의해 특별하게 인식되는 가치'가 매우 중요하다. 이러한 아날로그 기업의 딜레마는 아날로그에 머물러야 하는 핵심을 훼손하지 않고 디지털 전환의 방식을 찾아내는 것에 있다. 이 경우 전략의 주요 목표는 디지털화해야 하고 할 수 있는 부분을 발견하는 것이며 디지털 전환은 커뮤니케이션 방식이나 자재의 품질관리 등의 활용에 더 유용할 것이다. 매우 조심스럽게 위험을 회피하며 고객의 미래 구매 결정에 영향을 미치기 위한 가치

제안에 대한 더 포괄적인 고민이 필요하다. 분리된 별도의 회사나 조직을 통한 실험이나 디지털 네이티브 파트너와의 협력을 통해 일정 수준까지의 디지털 전환을 시도해 볼 수 있다.

건축모형산업의 경우는 'Proud to be analog' 섹터에 근접하다고 볼 수 있다. 그룹웨어 도입 기업이 불과 20%에 불과할 정도로 디지털 운영에 대한 비즈니스모델의 수준이 대체로 낮고 미래의 경쟁상대라고 할 수 있는 메타버스 관련 기업에 비하면 디지털 기술의 숙련도는 거의 제로에 가깝다. 비즈니스모델의 특성상 하나의 설계에 단 하나의 제품만 만들어지므로 생산량의 증대나 자동화를 위한 기술투자의 필요성이 상대적으로 낮다. 반면 제품의 정밀성을 추구하기 위한 기술이나 소비자의 감성을 자극하기 위한 연출이 경쟁력 강화에 중요한 요소가 될 수 있다. 따라서 소비자에 의해 특별하게 인식되는 가치의 창출에 집중하되 기업운영 측면에 대한 디지털 전환과 스토리텔링을 통한 커뮤니케이션 방식의 디지털 활용, 그리고 무엇보다도 미래 고객을 위한 아날로그와 디지털 비즈니스모델의 동시 추구에 대한 비전과 장기적 전략도 필요하다.

성공적인 디지털 혁신을 위한 핵심 요소에 대해 Andrew Shipilov, Nathan Furr, Didier Rouillard, Antoine Hemon-Laurens와 같은 학자들은 4가지 핵심 요소를 제시하면서 디지털 전환이 모두 같은 방식으로 이뤄지는 게 아니라 기업이 속한 업계와 업종, 기업의 디지털 성숙도에 따라 각기 다른 목표가 필요하다는 사실을 강조했다.

<표 2.5> 성공적인 디지털 혁신을 위한 4가지 핵심 요소

구분	IT 확대	운영 디지털화	디지털 마케팅	새로운 도전
수반 사항	기존 IT 현대화	기존 사업의 최적화	마케팅, 전자상거래, 고객 획득을 위한 디지털 툴	새로운 비즈니스 모델과 제품
이점	플랫폼 유연성, 툴(tool) 생태계	비용 절감, 효율성, 최적화	업셀링(upselling), 크로스셀링(cross-selling), 시장/지갑 점유율, 브랜드 가치	성장의 기회

요구 역량	IT 아키텍트, 데브옵스(DevOps) 팀, 변화 관리	비즈니스 프로세스 지식, 변화의 관리	데이터 분석, 디지털 마케팅	비즈니스 창출, 혁신 프로세스, 혁신 리더
최상위 경영진 지원	CTO(최고기술책임자), CTO(최고정보책임자)	CFO(최고재무책임자), COO(최고운영책임자)	CMO(최고마케팅책임자)	CEO(최고경영책임자), CSO(최고전략책임자)
핵심성과 지표	새로운 툴, 절감 비용, 개선 역량, 직원 만족	시간, 인력, 비용적 절약, 고객 만족 개선	마케팅, 리드(lead), 고객 획득에 따른 수익	새로운 제품, 시장 접근

컴퓨터 출현 이후 컴퓨터가 사람을 보조하는 단순 장치에서 동반자적 존재로 자리 잡았듯이 디지털 혁신에 대한 우리의 시각 역시 기존의 막연하고 획일적인 사고에서 벗어나 새롭게 바꿀 때가 왔다. 이들의 학자들의 주장에 의하면 디지털 혁신은 조직구성의 다양성만큼이나 다양한 여러 형태로 적용될 수 있다. 이들이 제시하는 프레임워크는 디지털 전환의 4대 요소로서 IT 확대(IT uplift), 운영 디지털화, 디지털 마케팅, 디지털 비즈니스를 포함하고, 이는 디지털 전환 여정을 수행하고자 하는 대부분의 기업에 해당된다고 이야기한다.[17] 이들의 분석에 의하면 디지털 혁신의 4대 요소와 성공적 혁신을 위한 적절한 투자 방식을 혁신의 출발점으로 삼아야 하는지는 각 기업의 상황과 니즈뿐 아니라 디지털 성숙도에 달려 있음을 알 수 있다.

건축모형 산업의 디지털 성숙도는 경영자에 의해 가장 크게 좌우될 것이다. 무엇보다도 경영자가 주목해야 할 내용은 성장의 기회를 위한 '새로운 도전'에 대한 각성과 '운영 디지털화'에 대한 실질적인 투자에 있다. 아날로그 방식의 가치를 유지·발전시키면서도 디지털 기술을 통한 성장을 위한 노력을 새로운 디지털 비즈니스모델에 대한 투자와 병행하는 방식과 지금 현실적으로 활용 가능한 기술을 산업에 녹여내는 미시적인 작업도 함께 시도되어야 한다.

---

17 Andrew Shipiloy, Nathan Furr, Didier Rouillard, Antonine Hemon-Laurens, 「성공적인 디지털 혁신을 위한 4가지 핵심요소」, HBR, 2022.03.30.

4. 업의 본질은 그대로, 가치의 전달방식은 다르게

건축모형회사 입장에서 비즈니스모델 자체를 빠른 시간 안에 완전히 바꾸지 않는 한 아날로그 공정과 아날로그 제품이 위주인 프로세스 자체를 혁신하기는 사실상 매우 힘들다. 그래서 '업의 본질'을 유지하되 가치의 전달방식을 바꾸는 형태의 연결과 재구성을 통한 가치사슬의 융합이 필요하다. 또한 자동화할 수 없는 물리적 제작과정이 대부분인 특성을 가지고 있다고 할지라도 '운영 디지털화'를 통해서 조달이나 일정 관리, 납품 및 설치의 과정에 디지털 기술을 접목한 프로세스를 결합할 수 있을 것이다. 김경준 딜로이트컨설팅 부회장은 이러한 결합 방식으로 '실시간', '글로벌', '맞춤형'의 고객가치를 디지털 기술에서 비롯한 '네트워크 효과'의 이용과 '기존 방식의 해체와 재구성'의 중요성을 강조한다.[18]

> **그림 2.45** 아날로그와 디지털의 가치사슬 융합

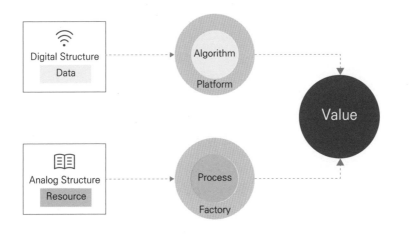

---

[18] 김경준, 「실시간, 글로벌, 맞춤형이 디지털 고객가치」, DBR 328호, 2021.09.

이를 기준으로 보았을 때 건축모형 산업의 해체와 재구성을 위한 첫 번째 방안은 B2B 방식의 비즈니스 구조에서 B2C로의 전환이다. 3D프린팅의 보급화에 따라 개인의 취미 영역으로의 모형의 제작과 보편화 또한 한 걸음 더 가까워졌다. 이를 위해 제조 방식과 재료에 대한 표준화와 모듈화에 대한 노력이 필요하다. 또한 소장가치와 희소성이 있는 작품모형의 출시와 마케팅도 가치사슬 재편을 통한 실시간, 글로벌, 맞춤형 가치 창출의 방안이 될 수 있다.

그림 2.46 디지털 가치 창출의 2가지 방향성

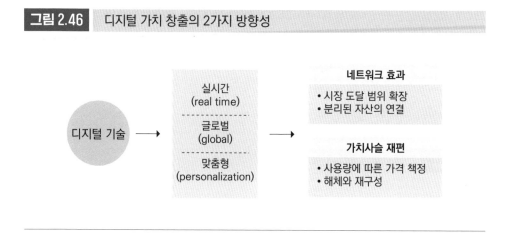

다음으로는 건축모형의 디지털 영역에 대한 선점이다. 건설회사들은 속속 사이버 모델하우스를 오픈하고 그 활용도를 높이는 중이다. 이에 비해 사이버 공간에서 보여주는 건축모형의 디테일과 정보, 무엇보다도 현실에서 느낄 수 있는 정도의 질감과 현실감을 구현하는 부분은 아직까지 미지의 영역으로 남아있다. 이를 위한 투자와 기술개발을 서두르는 기업이 최후의 승자가 될 가능성이 크다고 볼 수 있다.

가치의 전달방식을 달리한다는 이야기는 다시 말하면 디지털 방식으로도 아날로그가 추구하는 가치를 전달할 수 있는 방법을 찾아나가는 것이고, 또한 아날로그 방식에 디지털의 효용성을 활용하는 것이기도 하다. 결국 건축모형업계가 다양한 요소들을 결합해 고객에게 선사하고자 하는 본질적 체험과 감동에 대한 가치를 함께 수렴해 가는 길일 것이다.

5. 건축모형 vs. 사이버 모델하우스

　　건축모형의 경쟁상대라고 할 수 있는 사이버 모델하우스는 공간과 시간의 제약이 적고, 친환경적이라는 장점이 있는 반면, 아직까지 제작에 많은 비용과 시간이 소요된다. 특히 실물 건축모형의 디테일과 현실감에 근접하기 위해서는 인터넷 속도와 구현 장비의 향상과 발전이 뒤따라야 한다. 반면 실물 건축모형은 제작 기간이 짧고 고객의 입장에서 익숙하며 매우 직관적으로 단번에 건축의 형태와 주변 환경, 건물 간의 거리, 계약하고자 하는 주거의 위치, 진입도로 등의 정보를 파악할 수 있다.

　　다음의 〈표 2.6〉에서 분석한 바와 같이 비용·편익만으로는 예측하기 어려운 부분이 바로 주거에 대한 소비자 가치의 차이와 변화의 방향이다. 디지털의 편리성과 접근성과는 상관없는 최근 아날로그 열풍과 소비 형태를 보았을 때 사이버 모델하우스를 통해 만족할 수 있는 고객가치와 건축모형을 통해 얻을 수 있는 가치는 분명 다르다고 유추해 볼 수 있다.

〈표 2.6〉 실물 건축모형의 경쟁상대라 할 수 있는 사이버 모델하우스와의 비용과 편익분석

구분	편익	비용
건축모형	• 상대적으로 비용이 저렴하다. • 제작 기간이 짧다. • 여러 연출효과를 접목할 수 있다. • 직관적이다. • 고객에게 익숙하다.	• 폐기 비용이 들고 환경오염 이슈가 있다. • 인력과 시설 투자에 대한 비용이 크다.
사이버 모델하우스	• 반영구적이며 유지보수가 쉽다. • 공간과 시간의 제약이 없다. • 친환경적이다. • 정보와 구현의 범위가 넓다.	• 속도와 현실감의 제약이 있다. • 디테일에 따라 제작에 많은 비용과 시간이 소요된다. • 구현하기 위한 장비가 필요하다.

　　따라서 건축모형은 사이버 모델하우스의 편익 부분에 주목하여 모바일이나 디지털 기기를 통해 고객에게 공간과 시간의 제약에 대한 욕구를 충족하도록 노력해

야 하고, 그와 함께 영구성과 유지보수, 정보의 제공에 대한 디지털 방식의 활용에 대한 연구와 고민도 함께 병행되어야 한다.

6. 특별한 감동 포인트를 위한 서비스모델 창출

그림 2.47 모델하우스에서 주택 내부 구조를 확인하고 있는 분양고객

직관적으로 세대 내부의 구조와 형태를 파악할 수 있다.

디지털과 아날로그 방식을 떠나서 모형산업이 가지고 있는 가장 중요한 가치는 소비자를 끌어들이고 감동시키는 것이다. 누군가와 정서적 공감을 나누기 용이하며, 인간의 WOW 포인트를 강조하는 데 있어서 건축모형이 가진 아날로그적 형태와 구현방식이 더 유리한 측면이 있다. 디지털 방식을 통해 고객이 체험과 경험을 통해 직접적으로 느끼는 아날로그 방식을 구현하기에는 아직까지 많은 비용과 시간이 소요된다. 디지털이 당장 이러한 형태를 완성하는 데는 분명 한계가 있다. 또한

틈새시장도 존재한다. 특히 교육, 전시, 놀이, 취미, 예술 등의 분야는 아날로그적 방식과 체험 요소가 오히려 장점으로 작용할 수 있고 관련 산업의 여러 형태로 확장될 가능성도 충분하다.

앞서 설명하였듯이 디지털 시대가 도래하면서 개인 간의 소통이 편리해질수록 인간은 더 소외되고 소비자는 더 인간적인 체험과 감동을 원한다. 직접 만지고 느끼길 원한다. 그러한 의미에서 모형산업은 소비자에 의해 특별하게 인식될 많은 요소를 가지고 있다. 스토리가 있고, 주거와 도시에 대한 꿈을 대입할 수 있으며, 디테일 자체에 대한 감탄과 부러움을 줄 수도 있다. 무엇보다도 세계에서 단 하나의 유일한 제품이며, 유효기간이 다하면 사라질 제품이라는 점도 그러한 특별함을 배가시킨다. 이러한 특별함을 높이기 위해서는 고객의 직접적 참여를 유도하고, 과정을 공유하며, 고객 입장에서 그 가치를 더 성장시킬 수 있는 지점을 찾아나가야 하고, 그 방식에 있어서는 디지털 기술을 활용하는 것이 반드시 필요하다. 이러한 점에서 특별한 감동 포인트를 위한 서비스모델로서의 모형산업의 방향성과 정체성을 확립하고 그 바탕 위에서 변화를 추구해 나간다면 모형산업은 여전히 성장산업이며, 지속 가능한 미래 산업으로 충분히 기대해 볼 수 있을 것이다.

PART 03

핵심은 디지로그 리얼리티

CHAPTER 01
디지털 전환이 가져올 미래,
융합과 조화

1. 제작에서 출력으로

CNC나 레이저 조각기, 선반을 활용한 절삭가공 방식은 가공 속도와 소재의 한계성 때문에 생산 효율성 향상 측면에서 점점 새로운 기술을 요구하고 있다. 이러한 문제점을 해결할 수 있는 기술이 바로 '적층가공' 방식인 3D프린팅이다. 이 기술의 유연함은 건축모형의 특징인 '맞춤형 제품'의 생산을 용이하게 만들고, 설계에서 가공에 이르는 공정의 단순화를 이끌 뿐만 아니라 건축모형 조립에 필요한 여러 조각 부품들을 한 번에 하나의 제품으로 만들어 낼 수 있어 가공 시간과 생산의 효율성을 획기적으로 개선시킬 수 있다. 절삭과 조립의 '제작'에서 '출력' 방식으로의 전환은 앞으로 건축모형산업의 구조와 경영 형태에도 지대한 영향을 미칠 것으로 예측된다.

생산의 형태뿐만 아니라 방식에 있어서도 마찬가지이다. 많은 설비와 공간, 인력이 필요한 생산 구조에서 생산 및 외주 관리와 기획, 디자인, 설계 분야를 제외하고는 점차 아웃소싱이 활성화될 것이다. 과거에는 조경, 전시대, 전기, 제작되는 건축물의 종류와 형태에 따라 각각의 모든 공정에서 인력과 시설이 필요했다. 3D프린팅은 이러한 공정과 필요인력을 최소화하고 표준화된 소프트웨어와 작업 매뉴얼을 통해 쉽게 건축모형을 제작할 수 있게 한다. 기업 입장에서는 설비투자 비용을 크게 줄이고 아웃소싱의 장점을 극대화할 수 있는 것이다.

산업용 3D프린팅의 크기나 형태가 점차 소형화·단순화되어가고 있고 운용 소프트웨어도 기존의 컴퓨터 운용체계와의 호환성이 향상되고 있는 것은 이러한 변화를 앞당길 신호다. 건축모형은 시공 전 기본 설계를 바탕으로 제작되기 때문에 설치 이후 설계변경에 따른 수정 요구가 많았고, 그로 인해 사후관리에 큰 비용이 소요되었다. 이러한 부분도 휴대용 3D프린팅 기기를 활용, 현장에서 직접 출력하는 방식으로 수정하거나 소프트웨어 관련 문제인 경우 건축모형에 내장된 컴퓨터를 통해 원격으로 수정·보완이 가능하게 바뀜으로써 신속하고 효율적인 관리도 가능하게 될 전망이다.

그림 3.1 3D프린터로 생산하고 있는 엔진 부품

3D프린팅만이 미래의 제조혁신에 필요한 기술은 아니다. 최근 관련 업계에서 점차 보편화되고 있는 'UV평판프린터'는 현재 3D프린팅 기술의 단점을 보완해줄 장비로 호평 받고 있다. UV(Ultra-Violet)프린터는 평판 소재 위에 잉크를 분사하면서 자외선을 활용해 건조하는 인쇄 방식으로 내구성이 강하다는 장점이 있다. 이러한 특성으로 잉크의 적층분사가 가능해 재료 표면의 입체감을 표현하기에 편리하

다. 기존의 3D프린팅은 적층의 원재료로 사용하는 소재의 특성 때문에 표준에 맞는 컬러를 표현하기에는 많은 어려움이 있었다. UV평판프린터는 이러한 단점을 보완해 줄 기술로 향후 3D프린팅과 함께 더욱 많이 활용될 것으로 보인다.

그림 3.2　4D프린팅의 원리와 3D프린팅의 기술이 접목된 아디다스 런닝화 '알파엣지4D'

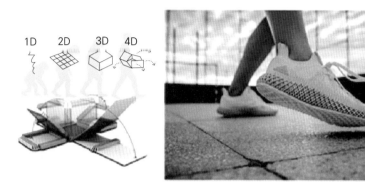

3D프린팅을 넘어서는 4D프린팅의 시대도 멀지 않을 것이라는 예상도 점차 늘어나고 있다. 4D프린팅은 지난 2013년 미국 MIT의 Skylar Tibbits 교수가 그 실현 가능성을 예견한 기술로 4D프린팅으로 출력한 물체가 외부 요인에 의해 스스로 변형하며, 원하는 형태로 바뀌는 것을 말한다. 시간은 좀 더 걸리겠지만 소재의 발달에 따라 얼마든지 가능한 기술이며 이를 건축모형제작에 도입한다면, 4D프린팅으로 완성된 건축모형이 빛과 온도에 따라 표면의 질감이 바뀌거나 빛의 변화에 따라 색이 바뀌는 등 지금과는 다른 차원의 연출효과를 기대해 볼 수도 있다.

건축모형업계는 이러한 디지털기반의 기술들을 새로운 기회의 지렛대로 적극 활용하여 변화에 소극적으로 이끌려가는 것이 아니라 변화를 주도하는 주체가 되어야 한다. 이러한 기술들은 아웃소싱 방식의 도입이나 생산효율성 향상에 혁신적인 변화를 가져올 가능성이 클 뿐만 아니라 필요한 현장에서 필요한 제품을 생산하는 방식과 불량과 재고의 감소, 공정의 단축 등을 통해 건축모형산업이 새롭게 도약할 수 있는 많은 기회를 제공할 것이다.

2. 회사에서 가정으로

코로나19 이후 산업 전반에 대해 디지털 전환이 가속화되고 있고 그에 따라 업무환경에 대한 인식 또한 크게 변하고 있다. 2022년 3월 취업포탈인 '사람인'에서 직장인 2,625명을 대상으로 '직장인 업무환경 인식'에 대한 조사를 진행한 결과 미래의 업무환경은 출근과 재택이 자유롭고 사무실이 아니더라도 거점 오피스나 원하는 장소에서의 근무가 될 것이라는 대답이 대부분을 차지했다.

그림 3.3 업무환경에 대한 직장인 인식의 변화

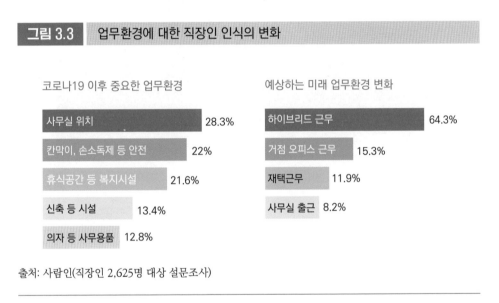

출처: 사람인(직장인 2,625명 대상 설문조사)

2023년 7월 현대건설은 직원들의 권역별 거주지에 따라 역삼, 대림, 마북의 3곳에 거점 오피스인 'Hi-Work'를 오픈하고 운영에 들어갔는데 직원들의 큰 호응을 얻고 있다. 이들 거점 오피스는 몰입형, 협업형 등 다양한 구성으로 이루어졌는데, 이 같은 방식은 업무 유연성을 확대하고 조직문화를 개선함으로써 기업의 경쟁력으로 이어질 것으로 예상된다.

그뿐만이 아니다. 부동산 중계 사이트인 '직방'은 지난 5월 글로벌 가상오피스 '소마'를 공식 출시하고 미국법인 '소마 디벨롭먼트 컴퍼니'를 설립했다. '소마'는 메타버스에 구현한 가상 오피스를 통해 원격근무를 지원하는 서비스이다. 향후 근무 장

소에 대한 제약이 사라지고 어디서든 글로벌 인재를 채용해 회사를 경영할 수 있는 여건을 갖추고자 하는 목표이다.

| 그림 3.4 | 직방이 출시한 가상오피스 '소마' |

근무자의 원격근무를 지원하고 사이버 공간을 제공하여 장소에 제약받지 않고 근무할 수 있다.

출처: 한경(https://www.hankyung.com/article/202403152045Y)

이처럼 디지털기술은 비즈니스 공간에 대한 기존의 인식과 업무환경도 바꾸고 있다. 과거에는 IT 업계의 전유물처럼 여겨졌던 재택근무나 거점 오피스 활용도 메타버스와 디지털 트윈, 그리고 3D프린팅 같은 기술의 활용을 통해 가능해졌기 때문이다. 이와 같은 방식은 건축모형산업에서도 얼마든지 실현 가능하며, 이러한 환경 변화는 비단 생산자의 관점에서뿐만 아니라 소비자의 제품과 서비스에 대한 인식도 바꿀 것으로 보인다. 건축모형의 아날로그 방식에 대한 장점, 그리고 가치와 체험에 대한 소비자의 주관적 성향은 제외 하더라도 보통의 소비자 입장에서는 당장 모델하우스를 방문하지 않고 가정이나 모바일 기기를 통해 사이버 모델하우스에서 얼마든지 원하는 정보를 얻을 수 있다는 장점이 있다.

업계의 미래를 좌우할 수 있는 이러한 변화에 대비하기 위해 모형업계는 크게 두 가지 방향에서의 대책이 가능하다. 첫 번째는, 사이버 모델하우스에서 체험할 수 있는 사이버 건축모형에 대한 기술개발과 인력투자이다. 건축모형의 설계과정에서 도출되는 데이터를 고도화하고, 자체적으로 가상 오피스와 가상 모델하우스를 구축하여 실물모형을 보완하고 시너지를 일으킬 수 있는 방안을 찾아내야 한다. 또한 이를 사업화하여 새로운 환경에 적극적으로 적응하는 것이다. 두 번째는, 아날로그 산업으로서의 지속가능한 모델로써 실물모형의 적극적 차별화와 고객을 끌어들일 수 있는 '가치 체험형' 모형의 개발이다. 기존의 모형에 영상과 작동연출, 스토리텔링, 미래의 정원에 모형 나무 심기 등 고객이 직접 참여할 수 있고 친구나 가족과 함께 체험할 수 있는 공간구성과 연출로 건축모형을 더욱 고급화, 차별화하는 방안을 생각해 볼 수 있다.

3. 현실에서 가상세계로

최근 실적 저하와 여러 정치적 이슈로 주식 가치가 떨어지기는 했지만 과거의 '페이스북'에서 '메타'로 사명을 변경하고 메타버스 플랫폼으로의 비전을 밝힌 마크 저커버그의 도전은 많은 사람들에게 메타버스에 대한 궁금증을 갖게 만든 사건이었다. 미국의 9~12세 연령 중 3분의 2가 이용한다는 메타버스 게임사 로블록스는 2021년 3월 나스닥에 상장하며 세상에 화려하게 등장하기도 했다. 인터넷에서 모바일로, 다시 모바일에서 가상세계와 현실의 융합이 가능한 메타버스로의 진화에 대해 소수의 추종자들에 의한 거품과 과장이라는 시각이 존재하는 것도 사실이다. 아직 초보 단계인 실감 기술의 수준을 보더라도 당장이라도 메타버스의 세계로 이주해야 할 것 같던 조급함은 이내 사라지곤 한다. 그러나 블록체인 기반의 NFT기술을 통한 가상세계에서의 경제체계 구축은 이러한 의심을 해소하기에 충분한 조건을 제공한다. NFT는 디지털 세상에서 원본에 대한 가치를 인정받게 해주고 거래 시장을 활성화시켰다. 물물교환 시대에 드디어 화폐가 생긴 것이다. 이제 연관된 기술개발은 시간문제처럼 보인다. 다만 사용자들이 스스로 다양한 콘텐츠를 생산하고 현실 세계와 어떻게 연결성을 유지하느냐에 성패가 달려 있을 것이다.

그림 3.5	메타버스 분양홍보관에서 안내를 맡은 AI 도우미

메타버스가 기존의 게임이나 가상현실과 다른 점은 현실과 직접적으로 연결되었고 그래서 무한한 확장이 가능한 세계로 발전할 것이라는 예측이 가능하다는 것이다. 어쩌면 현실 세계를 넘어선 성장도 가능할 수 있을 것이라는 주장도 무리는 아니다. 빅테크 기업들은 이제 메타버스를 통해 고객들의 무의식까지 반영된 행동과 성향을 데이터화하고 분석할 수 있다. 이러한 선점효과는 선순환으로 작용하여 메타버스 세계로의 유입을 더욱 가속화할 것이다. 실제로 글로벌 시장조사기관 Strategy Analytics의 전망도 이와 다르지 않다. 메타버스 시장은 2020년 460억 달러 규모에서 폭발적인 성장을 거듭해 2025년 2,800억 달러로 6배 이상 증가할 것으로 예측했다.

그동안 메타버스를 통해 안전교육과 기업 캠페인, 의사결정 플랫폼 등 소극적인 활용에 집중해 온 국내 건설회사들도 점점 적극적인 진입을 시도하고 있다. 최근 대우건설은 '메타갤러리'를 선보이면서 업계 최초로 분양고객이 1인칭 시점에서 가상견본주택을 둘러볼 수 있도록 했고, DLenc는 'Dlake' 시스템 구축을 통해 3차원 정보기반의 BIM을 활용한 건설현장관리를 선보였다. 또한 GS건설은 쌍방향 메타버스 견본주택을 만들어 고객과의 소통이 가능한 형태의 1:1 서비스를 도입하고 있다.

| 그림 3.6 | 큰 성장이 예측되는 메타버스 시장규모 전망 |

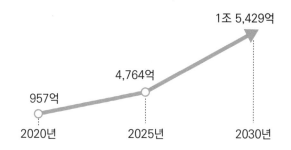

(단위: 달러)

1조 5,429억

4,764억

957억

2020년　　　　　2025년　　　　　2030년

가상현실(VR)과 증강현실(AR)의 시장규모를 더한 수치이다.

출처: PwC(2020)

　　　이처럼 건축모형업계의 경영활동에 직접적인 영향을 미치는 건설 관련 회사들의 변화에 국내 건축모형회사들은 어떻게 대응해야 할까? '실감'의 프로그래밍 제작비용과 구현장비인 XR 기기의 보급문제[1]가 아직 남아있기는 하지만 이대로라면 건축모형의 제작과 소비가 당장이라도 메타버스 세상으로 옮겨갈 태세이다. 이에 대비하기 위해 모형업계는 메타버스에 최적화된 제2의 사업자 설립을 서두르고 디지털 공간에서 통용될 수 있는 제품의 개발을 지금이라도 서둘러야 한다. 또한 현실에서 실현이 어려웠던 다양한 모형의 변형과 완성된 모형이 아닌 각각의 단일 모형 제품들의 상품화와 스스로 체험이 가능한 제작과정에 대한 제품개발, 그리고 NFT 기술을 활용한 새로운 가치 창출에 주력해야 한다. 예를 들어 '특별한 나만의 모형 제작방법', '이야기가 있는 건축모형', '영화 속의 건축' 등도 가치 있는 상품이 될 수 있다. 이와 함께 현실에서도 생산 운영 시스템과 협력체제의 디지털화 등을 통해 온라인 통제가 가능한 형태로 지속적인 전환을 시도해야 함은 물론이다. 그러한 기반 위에 아날로그의 가치를 강조한 경쟁전략이 시도되어야 한다. 이같이 병행 전략을

1　애플은 내년 1분기 중 XR 헤드셋을 시장에 내놓겠다고 밝혔고 구글도 '아이리스'라는 헤드셋을 개발 중이다. 삼성전자는 2025년 출시를 목표로 증강현실 헤드셋 출시를 준비하고 있다.

펴면서 기존 방식의 단계적 변화를 통해 급변하는 산업 환경에서의 생존 가능성을 먼저 담보하고 향후 두 시스템의 통합과 융합을 시도하며 지속가능한 미래 산업으로써의 방향을 찾아나가야 할 것이다.

그림 3.7 투트랙 전략

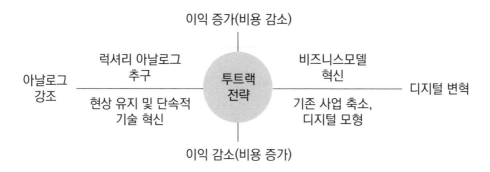

업의 본질을 유지하되 가치전달의 방식을 바꾸고, 소비자에 의해 인식되는 가치의 창출에 집중해야 한다.

CHAPTER 02

소규모 제조업도 뉴서비스 모델로 점프업

1. 아날로그적 체험 욕구를 접목한 디지털 활용

미래의 고객인 MZ 세대가 럭셔리를 아날로그와 연결하고 있다. 기성 세대가 생각하는 럭셔리의 키워드가 '예술'이나 '업적', '소장가치', '가족', '장인정신' 등이라면 MZ 세대의 키워드는 '가치관', '열정', '욜로', '여행', '자기애', '자기시간' 등의 단어를 떠올릴 수 있을 것이다. 이러한 성향은 디지털을 활용한 제품구매의 편리성과 가격 너머 '자기만족'과 '경험'에 새로운 경쟁력이 있음을 말해준다. 럭셔리 산업의 오프라인 매장은 이제 쇼핑의 공간이라기보다는 경험과 힐링의 공간으로 바뀌고 있고, 거기에 더해 외식산업으로의 진출을 통해 브랜드 자체를 체험할 수 있는 공간으로의 확장을 시도하고 있다.

| 그림 3.8 | 루이비통의 체험형 레스토랑인 '피에르 상 앳 루이비통' |

출처: 조선닷컴(https://www.chosun.com/economy/industry-company/2022/04/27/
LQOALOUBDJCRRAFMTKEIHRD6IQ/)

2022년 3월 구찌는 서울 한남동에 '구찌 오스테리아'라는 레스토랑을 열었고, '디올'은 청담동과 성수동에 '디올 까페'를 열었으며, 루이비통은 팝업 레스토랑인 '피에르 상 앳 루이비통'을 운영하기도 했다.[2]

이러한 시도들은 온라인으로는 부족한 고객과의 소통을 강화하고 소비자에게 '체험의 욕구'를 해결하도록 함으로써 제품의 가치를 높이고 지속적으로 새로운 고객들을 끌어들임으로써 성장의 동력으로 작용하게 된다. 물론 그 이면에는 디지털 기술의 역할이 존재한다. 2018년 초 발행된 맥킨지 리포트에서는 명품 소비의 80%가 디지털의 영향을 받는다고 보고된 바 있다. 소비자들은 이제 온라인에서 검색하고 오프라인 매장에서 체험하며 다시 온라인에서 구매하는 데 익숙하다. 이러한 지점을 공략한 샤넬의 '균형 전략'도 주목할 만하다. 샤넬은 럭셔리브랜드가 추구하는 신비로움이나 희소성을 지향하면서도 인스타그램과 트위터 채널에서도 5천만 명에 이르는 팔로워를 자랑하며 이를 통한 럭셔리 이미지를 더욱 공고히 하고 있다.

이처럼 가치가 높을수록, 희소성이 클수록, 기본적 욕구에 가까울수록 직접 보고, 만지고, 체험을 원하는 것이 인간의 본성일 것이다. 만질 수 있는 경험이 부족한 디지털 세대는 완벽하지 않지만 디테일이 있고, 인간적인 감성이 있는 아날로그 제품에 호기심을 느끼고 더욱 다가가고 싶어 하며 감동할 준비가 되어 있다. 우리는 디지털 전환을 서두르기 위해서라도 이러한 아날로그 인간 본성에 더욱 주목할 필요가 있다. 힐링의 수단으로써, 인간의 자유로운 사고 도출의 지렛대로써, 갈수록 직접적인 접촉이 어려워지는 인간과의 세밀한 관계 유지의 방식으로서 우리의 제품을 스토리텔링하고 소비자 체험을 더 강화하며 감동의 포인트를 늘려나가는 한편 디지털을 통한 고객과의 소통과 브랜드 전략의 실행도 균형 있게 병행해야 하는 것이다.

건축모형에 '체험적 요소'를 결합하는 실질적 방식은 고객으로 하여금 직접 모형을 조작하고 조명을 점등하며, 모형에 내장된 AI 도우미와의 대화를 통해 여러 궁금한 정보를 확인하게 하거나, 휴대용 단말기의 카메라를 통해 건축모형에 삽입된 코드를 읽어내고 증강현실이 동작하여 음향과 입체영상이 상영되는 기술과 모델하우스 내에 별도의 가상현실 체험부스를 설치하고 VR 기기를 사용해 실물모형

---

2 김다이, 「"업종간 경계 허물었다"… 디올 카페, 구찌 레스토랑 '체험형 매장' 인기」, 아주경제, 2022.05.22.

체험의 영역을 확장할 수 있는 방법 등 여러 가지 실현 가능한 기술이 존재한다. 이 밖에 영상과 작동장치를 활용한 모형의 동작 연출이나 고객이 직접 모형나무를 심고 조경 연출을 제안하는 참여 체험, 트릭아트 기법의 포토존을 통해 재미의 요소까지 더한 힐링 체험구간의 설치 등 모형업계의 연구와 투자가 조금만 더해진다면 훨씬 큰 범위의 가능성을 발견할 수 있을 것이다.

2. 단계적 하이브리드 전략을 통한 가교 역할

건축모형업계의 디지털화에 대한 평가나 조사는 이루어진 바가 없지만 그룹웨어의 활용이나 장비의 도입, 전자입찰, 모바일 홈페이지 등의 운영형태를 보았을 때 일반 제조업보다 많은 부분 뒤처져 있다는 것을 미루어 짐작해 볼 수 있다. 그러한 이유로 기본적인 경영관리의 효율성도 매우 낮은 수준이라 판단된다. 관련 업계 경영자의 대다수는 디지털 전환에 대한 필요성에 대한 인식이 부족하고 디지털 전환에 의해 벌어지고 있는 사회경제적 변화에 대해서도 대체로 둔감한 편이다. 무엇보다도 데이터의 축적과 활용, 그리고 온라인 통제가 잘 이루어지지 않고 있다는 점은 디지털 전환의 정의인 '기업이 가진 자원과 프로세스를 표준화, 모듈화, 디지털화하여 온라인으로 통제 가능한 상태로 만드는 것(김용진, 2020)'에 접근하기가 요원하다는 이야기와 일맥상통한다.

건축모형의 물리적 특성과 산업의 비즈니스모델 자체가 디지털 전환을 어렵게 만드는 부분도 물론 존재한다. 건축모형은 단 하나의 설계에 단 하나의 제품을 생산하므로 제작방식과 기존 데이터의 활용에 있어서 똑같은 상황은 발생하기가 어렵다. 생산의 자동화와 표준화가 이루어지기 어려운 구조이다. 물론 3D프린팅 기술은 활용 방법에 따라 건축모형 제작의 이러한 단점을 극복할 수 있는 대안이라고 볼 수 있다. 하지만 기술의 출현 시기에 비해 아직까지 지배적 디자인은 나타나지 않고 있고, 적층 방식을 뒷받침할 소재나 소프트웨어도 생산 현장의 요구를 따라오지 못하고 있는 실정이다. 이러한 문제점들을 극복하고 다가올 미래에 대비하기 위해 지금으로서는 디지털 전환 전략과 아날로그 강화 전략을 동시에 실행하면서 둘 사이의 가교 역할을 찾는 데 주력하는 것이 최선이다. 디지털기술은 잘 활용하면 아날로그와 쌍방향으로 변화무쌍하게 확장·진행되는 특징이 있다. 이러한 특성을 활용해야 한다.

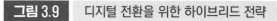

그림 3.9 디지털 전환을 위한 하이브리드 전략

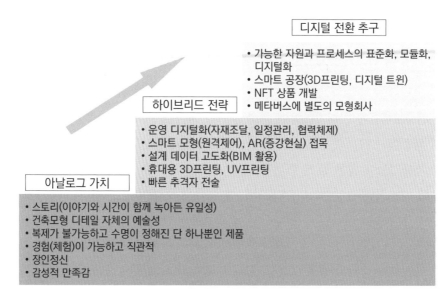

모형산업은 아날로그 가치의 강화와 함께 아날로그와 디지털을 잇는 가교 역할을 찾아내고 이를 통해 실현 가능한 디지털 전환을 추구해야 한다.

실현 가능한 최우선 순위는 기업 운영의 디지털화이다. 자재 조달과 일정 관리, 협력체제에 대한 프로세스의 표준화만 이루어져도 일정 부분 생산성의 향상으로 이어질 수 있다. 다음으로는 기존 CAD 프로그램이 바탕이 되어 이루어졌던 건축모형설계에서 3DMAX나 BIM을 활용한 설계로 변경해야 한다. 이를 위해 전문 인력을 채용하고 교육하는 데 적극적인 투자가 필요하다. 이러한 방식을 통한 설계 데이터의 고도화는 추후 메타버스나 디지털 트윈을 구현하기 위해 반드시 필요한 선행과정이기 때문이다. 또한 건축모형에도 당장 스마트 기술을 적용할 수 있는 부분이 있다. 모형 전시대에 컴퓨터를 내장하여 모바일 기기를 통해 모형의 전자장치를 통

제할 수 있으며, 사후관리 또한 원격으로 처리가 가능하다. 고객의 관심을 실시간으로 파악해 제품의 품질 향상과 모형의 연출 방향에 바로 적용할 수도 있다. 디지털 기술이 아날로그 제품의 품질 향상과 고객의 접근성에 가교 역할을 할 수 있다는 것이다.

건축모형 제작에 있어서 아직까지는 3D프린팅의 활용도가 낮은 수준 이기는 하지만 정밀도가 필요하지 않은 모형 소품 제작과 납품 현장에서의 휴대용 3D프린팅 활용은 좋은 대안이다. 모델하우스를 여러 번 방문하지 않고도 현장에서 직접 빠른 시간 안에 제품에 대한 수정과 보완이 가능하다는 점이 장점으로 활용할 수 있다. 최근 관련 기술의 발전 속도가 빨라지고 있는 UV프린팅은 3D프린팅을 보완할 수 있는 하이브리드 장비이다. 잉크적층방식을 사용하는 UV프린팅은 건축모형의 지형연출 제작의 속도를 한층 업그레이드시키고 있다. 또한 기존의 절삭 가공의 방식에 비해 소요 인력과 자재의 사용량을 현격히 줄여줌으로써 향후 핵심장비로 크게 활용될 가능성이 높다.

그림 3.10 고도의 정밀함과 집중력이 요구되는 모형 제작

3. 범주적 차별화 과정에 집중한 경영 전략

　　범주적 차별화는 '특별한 브랜드', '급이 다른 브랜드'라는 인식을 소비자에게 심어 주어 럭셔리 제품으로서의 지위를 누리기 위해 필요한 전략이다. 명품으로 불리는 제품들은 대체적으로 이러한 차별화 전략을 취한다. 건축모형산업은 이러한 범주적 차별화를 취하기에 유리한 특성을 가지고 있다. 마치 예술작품을 만드는 과정과 흡사한 제작방식과 개인의 기술적 훈련과 성숙도에 좌우되는 결과물, 장인정신 없이는 이루기 힘든 디테일에 대한 한계 극복과 도전, 고객의 감동과 만족이 경제적 실리를 뛰어넘게 만드는 소명 의식이 아직까지 살아있는 산업이기 때문이다. 만일 이러한 제작과정과 기술적 성취를 고객에게 일부라도 전달할 수 있다면 차별화 전략은 성공할 수 있을 것이다.

　　범주적 차별화의 성공 여부는 소비자가 결정한다. 고객에게 공감을 이끌어내야 하는 것이다. 과거 일반인들이 접근하기 어려웠던 모형의 제작과정을 공유하고, 때로는 직접 제작에 참여해서 체험을 통해 느낄 수 있는 이해와 공감 방식에 대한 전략이 필요하다. 2021년 12월 국립고궁박물관에서 열린 기획전 '인사동 출토 유물 공개전'에서는 발굴 당시의 사진과 영상을 함께 구성하고 출토 당시 모습을 재현, 그 과정을 파노라마식으로 전시해 관람객들의 큰 이목을 끈 바 있다. 단순히 출토된 유물만 모형으로 복제하여 전시하던 기획을 벗어나 다양한 방식으로 발굴 당시의 모습을 생동감 있게 재현, 전달한 부분은 출토 유물에 대한 관람객들의 이해를 높이고 흥미를 끄는 새로운 시도였다.

　　이러한 소비자 공감은 가상공간인 메타버스를 통해서도 가능한 부분이 있다. 예를 들어 고객이 가상의 공간에서 실물모형에서는 보여주기 힘든, 계절에 따라 변화하는 동네와 아파트의 풍경을 직접 볼 수 있게 한다든지, 그 가상공간에서 직접 정원을 가꾸고 인테리어를 연출해 보는 기회를 가질 수 있다. 아직은 가질 수 없지만, 언제인가는 소유하고 싶은 자신만의 주거공간을 만들어보며 현실 가능한 꿈을 꾸게 할 수 있는 메타포가 될 수 있다. 아파트 공간을 분양받기 원하는 예비 수요자들에게는 평형별 모형 키트를 제공해 가족들과 직접 공간을 만들어보고 이를 통해 대화의 시간을 가질 수 있는, 아날로그적 마케팅도 고려해볼 수 있다. 이러한 방식을 통해 소비자들은 주체적으로 가상공간과 실물을 연대할 수 있고, 모형의 가진 순기능을 더욱 밀접하게 체감할 수 있게 될 것이다.

<표 3.1> 모형의 기능 및 역할에 따른 디지털 전환과 시너지 방안

모형의 기능과 역할		아날로그 방식의 장점	디지털 전환 방식	대응(융합 및 시너지 방안)
종류 및 역할	내용			
분양 및 홍보	조형물, 작품, 다양한 정보제공	체험, 가족, 정교함, 장인정신, 스토리	사이버 모델하우스	SNS 활용, 양방향 체험 강화, VR, AR
설계 검토	완성도 측정, 오류 최소화	직관적	BIM, VP	특화부분 강화 (예: 층간)
프레젠테이션	VIP, 맞춤형	목적 지향, 강조 연출	3D 영상, 기본구축 비용	3D프린팅, UV프린팅
전시	복원, 복제	고증된 실물 모형, 보존	공공주도 디지털 복원	설계 데이터 활용 B2C 전환
교육	교부제, 실습	오감 사용, 조립	메타버스, 3D프린팅	증강현실 접목, 조립키트 개발
데이터 산출	연구, 실험, 공공, 국방	최종검토, 확정적	디지털 트윈, 시뮬레이션	하이브리드 모형 (기초구조)
취미	수집, 동호회	희소성, 독창성, 소유	메타버스, 고객경험 확장	키트 개발, 플랫폼 활용, 제작과정 공유
예술	작품활동	유일성	시장 확대, 신진참여 장려	NFT 기술 활용, K-문화 접목
제품 개발	목업	디자인, 질감	CAD, 3DMAX	3D프린팅 소재 개발, 프로그램 통합

이처럼 모형에 아날로그적 '유일무이 스토리'를 입힌 디지털 전환 전략은 미래 모형산업의 생존 유무를 결정하는 중요한 기준이 될 수 있다. 고객의 니즈를 쫓기만 하는 것이 아니라, 새로운 가치를 창출해 고객에게 특별한 감동을 주는 전략을 모

형산업에 적극적으로 끌어들여야 한다. 이는 업계 전반의 자성적 진단과 분발을 요하는 일이기도 하다. 새로운 패러다임을 받아들이고, 자신만의 강점을 파악해 전략적인 움직임을 펼쳐야 한다. 모형산업에 특성에 맞는 디지털 기술을 취사선택하여 각각의 프로세스와의 적절한 조합을 찾고, 유지할 수 있어야 한다. 또한 타 산업의 기술 및 솔루션과 협업하는 열린 마음도 잊지 말아야 한다.

다만, 가장 중요한 목표는 새로운 비즈니스모델을 만드는 데 모형산업이 가진 아날로그의 가치와 디지털기술의 융합을 통해 시너지를 만들어 가는 과정에 있다.

4. 뉴서비스 모델을 창출하는 디지로그(Digilog)[3] 전략

건축모형의 본래 역할은 공간디자인으로 표현되는 구상, 이미지, 계획, 예술적 감각 등의 발현이 현실에서 구체적으로 실현되고 구축되는 방식의 일종인 '건축'이라는 행위 또는 결과물과의 관계를 연결하고 이를 고객에게 종합적이고 사실적으로 전달하는 데 있다. 과거에는 공간디자인이 주로 아날로그적 표현방식인 '드로잉'으로 표출되었다면 오늘날 건축 디자인 표출은 대부분 디지털을 통해 이루어진다. 이는 다시 아날로그 방식과의 구분 없는 자유로운 이동과 활용이 가능하게 만들어 건축가들에게 더 자유롭고 창의적인 아이디어를 제공하는 시너지로 작용한다. 이처럼 공간디자인에 있어서 아날로그와 디지털의 결합은 건축가에게는 표현 도구와 방식의 확장을 통한 창의성 및 효율성 증대를 만들어 냈다고 할 수 있다. 그러한 공간디자인을 고객에게 효과적으로 전달하는 방식의 하나로서 건축모형은 존재한다.

공간의 디자인에 있어서 '드로잉'이라는 아날로그 방식과 'CAD'라는 디지털 방식의 결합은 앞서 설명한 바와 같이 건축가와 디자이너들에게 커다란 시너지로 작용했다. 하지만 그러한 디자인 또는 설계의 결과물을 고객에게 전달하고 이해시키

---

3 디지로그(Digilog)는 디지털(digital)과 아날로그(analog)라는 서로 상대되는 뜻을 가진 두 개의 개념을 결합한 용어로 IT 시대를 대표하는 디지털과 자연과 인간관계를 대표하는 아날로그의 결합을 가리키며 아날로그 사회에서 디지털로 이행하는 과도기, 혹은 디지털 기반과 아날로그 정서가 융합하는 시대의 흐름을 나타내는 용어로 사용된다(이어령, 2006).

는 방식에 있어서는 아날로그적 형태라 할 수 있는 건축모형이 가장 일반적이고 효과적이었다. 따라서 지금까지 건축모형은 설계도면의 가장 정확한 반영의 결과물로써 우선순위가 적용되어 왔다고 할 수 있다.

오늘날 산업의 분화와 디지털 전환의 시대적 환경은 과거 아날로그 방식의 건축모형 형태로서는 더는 고객의 다양한 욕구를 반영하지 못하게 만들었다. 고객이 누리는 편리함과 효율성 증대의 목적만이 아니라 고객 경험 확장의 측면에서 건축모형도 디지털의 장점을 결합한 다양한 시도와 노력을 통해 새로운 변화를 모색해야 한다. 이를 위해 가치전달 방식에 있어서의 디지털의 장점과 모형이 가진 아날로그적 실체로서의 장점을 효과적으로 이용하여 시너지를 만들어 내는 전략이 필요하다.

그러한 전략의 구체적 실현 방안의 예로, 고객이 모바일 또는 컴퓨터 등 디지털 기기를 이용해 건축과 주거에 대한 정보를 검색하고 확인하면, 이 정보는 모델하우스에 설치된 '증강현실 구현이 가능한 건축모형'에 실시간으로 반영되어 고객이 선호하거나 찾고 있는 공간디자인(주거의 형태, 조경, 칼라나 인테리어 등)을 반영한 모습을 보여주거나, 사전 고객정보를 기억해 모델하우스를 방문한 고객에게 맞춤형 정보를 제공하는 방법이 있다. 그 반대의 경우도 가능하다. 모델하우스를 방문한 고객이 건축모형에 설치된 AR 기기나 터치스크린을 통해 확인한 내용 또는 AI와 소통한 정보가 또 다른 디지털공간에 맞춤형으로 재현되게 하는 것이다. 이러한 시도를 통해 고객은 요구사항과 의사를 좀 더 명확하게 전달하고, 더 나은 체험과 더 빠른 피드백을 받을 수 있다.

디지로그(Digilog)는 아날로그에 디지털이 갖는 접근성을 부여하고 디지털에 아날로그의 인간적 감성을 입히는 것이라고 말할 수 있다. 다시 말해 '모형 안에 디지털을, 디지털 안에 모형'을 만들어 냄으로써 모형을 통해 확인할 수 있는 아날로그 가치가 다시 모형이라는 형태를 가진 디지털로 표현 가능한 전환과 융합의 자유로움을 갖게 되는 것이다. 디자인과 건축의 브리지 역할로써 건축모형산업의 완성된 모습은 궁극적으로 공간과 공간이 디지털 방식으로 연결되는 형태를 취하는 것이고, 이처럼 아날로그와 디지털의 완벽한 결합으로 가는 길이 우리가 꿈꾸는 모형산업의 미래라고 말할 수 있다.

에릭 슈미트 전 알파벳 이사회 의장은 "디지털 시대는 기술만을 말하는 게 아니며, 우리의 생활, 비즈니스, 세계 경제에 일대 변혁이 일어나는 것"이라고 말했다.

이제 건축모형업계뿐만 아니라 건축, 토목학 또는 디자인을 전공하는 학생들, 직·간접적으로 관련 분야에 종사하는 이들은 디지털변혁에 대한 새로운 기술을 능동적으로 수용하고 이를 활용하여 아날로그적 가치와 조화롭게 융합하는 과감한 도전을 시작해야 한다. 생존의 파고를 넘어서서 문화산업의 한 축으로 성장해야 하는 인문학적 관점과 거시적 관점도 함께 고민해야 함은 물론이다.

디지털 변혁의 파도 속에 완전히 압도되는 것이 아니라, 아날로그와 디지털의 결합을 통한 디지로그의 관점에서 고객의 문제를 해결하는 새로운 서비스모델을 창조해내고 상항에 맞게 유연하게 파도를 타며 또 한 번의 성장 가능성을 보여줄 때가 온 것이다.

글을 마치며

    건축모형산업이 가지고 있는 본질적 특성이 아날로그 방식의 정서를 강조하고, 제작 방식에 있어서도 예술작품의 과정과 흡사하다고 할지라도 면밀히 살펴보면 그 자원과 프로세스에도 실현 가능한 디지털 전환 방식이 존재한다. 성공적인 디지털 전환을 위해서는 먼저 지켜야 할 아날로그적 가치의 내용으로 건축모형의 유일무이한 작품으로서의 가치, 가족과 함께하는 체험과 소통의 매개체로서의 역할, 문화예술산업의 한 축으로 발전할 가능성에 대한 비전, 지키고 보존해야 할 역사와 유물에 대한 고증과 감각적 체험도구로써의 위치, 그리고 기타 건설산업 및 제조산업, 서비스업 등 각 분야에 걸쳐서 촉매제의 역할로서 산업에 기여하는 부분에 대해 먼저 스스로 평가하고 인식해야 한다.

    4차 산업혁명과 코로나19가 불러온 급격한 디지털 전환에 대한 요구는 건축모형산업계에 강력한 변혁을 요구하고 있지만 이에 대한 대응과 투자는 미미한 실정이다. 모형산업이 가진 자원과 프로세스를 디지털화하여 온라인 통제가 가능하도록 만드는 것은 이 시대에 소비자가 요구하는 '온디맨드'형태의 비즈니스모델의 확립에 부합한다. 이러한 변화를 위해 사용될 수 있는 기술이 바로 '3D프린팅', '디지털 트윈', '메타버스', 'NFT' 등이다. 이러한 기술들은 아날로그와 디지털이 상호 간 경쟁의 시각이 아닌 융합과 조화를 통해 시너지를 일으킬 수 있다는 '디지로그'의 관점에서 접근해야 하며, 이러한 인식을 토대로 고객의 요구와 가치를 더 크고 넓게 충족해 나간다는 방향성을 가져야 한다. 모형산업의 생존을 위협하는 것은 다름 아닌 디지털 전환의 시대적 과제가 산업의 생존을 위협할지도 모른다는 좁은 사고일지도 모른다.

　　디지털 전환이 가속화될수록 역설적이게도 아날로그 감성을 쫓는 소비자도 증가한다는 것을 알 수 있다. 건축모형산업이 업의 본질적인 특성을 유지하며 디지털 기술을 이용해 가치의 전달방식을 바꾸는 방식으로 소비자에게 특별한 감동 포인트를 창출할 수 있는 포인트이기도 하다. 이를 위해 디지털 트윈, 증강현실, NFT 등의 디지털 기술을 이용해 건축모형에 고객의 직접 체험 욕구를 더할 수 있는 AI도우미, 가상 참여 모형, 증강현실 등과 같은 다양한 형태의 디지털 방식을 활용한다면 기존 아날로그 방식의 모형과 함께 특별한 시너지 창출이 가능하다.

　　제작에서 출력 방식으로의 변화, 회사나 공장에서 제작하던 모형을 가정과 소규모 그룹에서 직접 제품과 서비스를 생산하는 추세, 현실에서 가상세계로의 산업 영역 확장은 거스를 수 없는 대세이다. 이러한 변화는 지금 무엇을 준비하고 대비하느냐에 따라 모형산업의 미래를 좌우할 변수가 된다. 빠른 변화와 혁신을 이루기에는 과거의 경영방식과 소극적 대응과 투자만으로는 매우 어려운 일이다. 지금 당장 실현가능한 기업 운영방식의 변화와 고객 경험의 향상, 제조 방식에 있어서의 단계적 디지털화 전략이 반드시 필요한 이유이다. 이를 위해 먼저 정부지원사업을 적극 활용할 필요가 있다. 소규모 제조업을 위한 '그룹웨어 구축' 및 '스마트공장', '전자 카탈로그' 등 초기 투자비용을 줄이고 컨설팅을 받을 수 있는 정책들을 적극 활용해야 한다.

　　장기적으로 기존 B2B에 의존하던 비즈니스모델을 B2C로 확장시킬 방안도 강구해야 한다. 이는 고객에게 '참여와 체험'의 기회를 최대한으로 제공해줄 수 있는 디지털 기술이 존재하기에 가능하다. 또한 문화예술산업로의 확장이 가능한 본래의 장점을 개발하고 다른 산업과의 다양한 연계에도 적극적인 노력이 필요하다. 그러기 위해 상대적으로 접근이 용이한 메타버스의 산업적 활용에도 적극 진입해야 한다. 건축모형에 있어서 범주적 차별화 전략은 소비자와의 소통을 통해서만 성공이 가능하다. 모형의 제작과정뿐만 아니라 소비자가 자발적으로 참여할 수 있도록 스토리텔링과 SNS를 통한 접근방식도 중요하다.

　　상상 속 디자인과 현실의 건축 사이, 고객의 체험방식으로써 건축모형은 존재한다. 둘 사이의 가교 역할을 하며 제반 산업의 큰 축을 맡아 왔던 건축모형은 이제 디지털과 아날로그 사이에 던져져 새로운 정의를 기다리고 있다.

디지털 시대 미래 건축모형의 모습은 공간과 공간이 디지털 형태로 연결되고 모형 안에 존재하는 디지털, 디지털 안에 존재하는 모형의 자유로운 연결과 전환을 통해 고객에게 더 많은 경험과 감동을 선사하게 될 것이다. 그 길로 나아가는 여정에서 우리는 디지로그(Digilog)라는 방식을 통해 아날로그에 디지털이 갖는 접근성을 부여하고 디지털에 아날로그의 인간적 감성을 입히는 과정을 거쳐야 한다.

　건축모형의 아날로그적 가치는 고전적 제작방식과 완성품의 예술성, 그리고 희소성에도 존재하지만, 고객에게 전달하는 특별한 스토리와 여러 기법을 활용해 감동 또는 감성적 만족감을 주는 것에 있다. 그러한 가치는 지키고 더욱 발전시켜야 하고 그러한 가치를 최대한 잃지 않는 범위에서 세밀한 디지털 전환 전략을 세워야 한다. 모형을 통해 확인할 수 있는 아날로그 가치가 있어야만 모형산업은 디지털 대전환 시대 방향성을 잃지 않고 더욱 발전, 확장될 것이다. 디지털 전환은 단순히 바뀌는 것이 아니라, 자유롭게 융합하는 것이다. 이것이 모형산업이 나아가야 할 명제이며 미래일 것이다.

참고문헌

김경준, 「실시간, 글로벌, 맞춤형이 디지털 고객가치」, DBR 328호, 2021.09.

김상균, 「메타버스: 디지털 지구, 뜨는 것들의 세상」, 플랜비디자인, 2020, pp.23-26.

김상균 외 1인, 「메타버스 새로운 기회」, 베가북스, 2021.

김용진, 「디지털변혁이론과 중소기업의 디지털변혁을 위한 정부의 역할」, 중소기업 정책연구, 2020년 겨울호.

김용진, 「오직 한 사람에게로」, 샘앤파커스, 2020.

김종영, 「건축모형의 제작방법과 설계로의 활용」, 건축시대, 2002, pp.12-24.

김미경 외 8인, 「세븐 테크」, 웅진지식하우스, 2022.

김경준, 「실시간, 글로벌, 맞춤형이 디지털 고객가치」, 동아비즈니스 리뷰 328호, 2021.09.

김창원 외 1인, 「디지털 전환 시대의 데이터 라이프」, 부크크, 2021.

대한 건설정책연구원, 「디지털 전환 수준과 생산성 증가율과의 관계」, 디지털 경제 가속화에 따른 건설산업 혁신 방안, 2020.

데이비드 색스/박상현, 이승연 역, 「아날로그의 반격」, 어크로스, 2017.

로스 킹/이희재 역, 「브루넬레스키의 돔」, 세미콜론, 2007, p.45.

메타트렌트연구소, 「때론 '아날로그 감성'이 '편리함'을 넘어선다」, DBR 242호, 2018.02.

박항섭 외 2인, 「의사표현 도구로서 건축모형에 관한 연구」, 디자인융복합학회, 제11권 6호, 2012.02.

박영호, 「3차원 건축모델정보의 표현 변용방식에 관한 연구」, 한국실내디자인학회 논문집, 제22권 1호, 2013.02.

성소라 외 2인, 「NFT 레볼루션」, 더 퀘스트, 2021.

앤드류 시필로프, 나단 퍼르, 디디에 루야르, 안토민 헤몬 로렌스, 「성공적인 디지털 혁신을 위한 4가지 핵심요소」, HBR, 2022.03.30.

윤병우, 「프랜차이즈의 만족과 서비스 지향성이 고객가치, 고객만족, 충성도에 미치는 영향에 관한 연구」, 영남대학교 박사학위 논문, 2012.06. pp.45-48.

야스오 쿠라타, 「건축 모델링 이론」, 카지마 출판, 2004, pp.15-18.

이어령, 「디지로그」, 생각의 나무, 2006.

정보통신산업진흥원, 「수요사의 3DP 도입장비와 장비의 활용목적」, 2021년 3D프린팅 산업실태조사, 2021.

정보통신산업진흥원, 「글로벌 3DP 시장규모 추이(2016-2026)」, 2021년 3D프린팅 산업실태조사, 2021.

전민규, 「아날로그 카메라 필름의 귀환」, 월간중앙, 2017.11.17.

중소기업중앙회, 「중소기업 업종별 디지털 성숙도」, 2012.12.

최선미, 「디지털 솔루션+아날로그적 감성 "거기 가봤어?" 색다른 경험을 녹여야」, DBR 290호, 2020.02.

크리스 밀스/김창언 외 3인 공역, 「건축모형 실습」, 서우출판사, 2009.

프랭크 휘트포드/이대일 역, 「바우하우스」, 시공사, 2000, p.11.

한국지능정보사회진흥원, 「코로나19 이후 디지털 전환의 속도와 범위, 포스트코로나 시대 디지털대전환과 사회변화 전망」, 2022.01. p.7.

한승엽, 「건축설계도구로서 모형에 관한 연구」, 경원대학교대학원 박사학위논문, 2014, p.19.

허제, 「3D 프린터의 모든 것」, 동아시아, 2013.

혼자와 도시오, 「혼자와 도시오 북」, Ishinsha Book, 2017, p.42.

Kotra, 「해외 중소기업의 디지털 추진사례와 시사점」, 2022.06.17.

Kotra, 「3D프린팅, 방산에 주요 기술로 등장」, 코트라 시카고무역관 보고서, 2022.05.02.

Albert C Smith, 「Architectural model as machine - A new view of models from antiquity to the present day」, Architectural Press, 2004, pp.61-73.

Benjamin Mueller and Jens Lauterbach, 「How to speed up your digital transformation」, HBR, 2021.08.

Bolton, R.N. and Drew, J.H., 「A Multistage Model of Customers' Assessments of Service Quality and Value」, Journal of Consumer Research, 17, 1991, pp.375-384.

Marco frascari, Jonathan Hale, Bradley Starkey, 「From Model to Drawings, Bradley Starkey」, Post-secular architecture, 2007, p.233.

Mark Morris, 「MODELS: Architecture and Miniature」, Wiley-Academy, 2007, pp.15-45.

Mathwick, C., Malhotra, N. and Rigdon, E., 「Experiential Value: Conceptualization, Measurement and Application in the Catalog and Internet Shopping Environment」, Journal of Retailing, 77, 2001, pp.39-56.

Nick Dunn, 「Architectural model making」, A brief history, 2010, pp.14-15.

Nathan Furr, Andrew Shipilov, Didier Rouillard, Antoine Hemon-Laurens, 「The 4 pillars of successful digital transformations」, HBR, 2022.01.

See, Pieriuigi Serraino, 「History of From-Z」, Birkhäuser Verag,Basel-Boston-Berlin, 2002, pp.5-38.

Joanthan Z. Zhang, 「Why catalogs are making a comeback」, HBR, 2020.02.

Andy Bochman, 「Internet Insecurity」, HBR, 2018.05.

Zeithaml, V.A., 「Consumer Perception of Price, Quality, and Value: A Means-End Model and Synthesis od Evidence」, Journal of Marketing, 52(3), 1998, pp.2-22.

Peter, J.P. & Olson, J.C., 「Consumer Behavior and Marketing Strategy」, Homewood, Illinois: Irwin, 1990, pp.75-80.

저자 약력

김진만

25년 넘게 전시와 모형 분야에서 한 우물을 파고 있는 창업자이자 경영자이다. 경기대학교에서 법학을 전공하였고, 홍익대학교에서 MIS로 석사, 서강대학교에서 경영학박사(Ph.D.) 학위를 받았다.

2015년부터는 해외로 진출하여 미국과 카자흐스탄, 몽골에 각각 법인과 지사를 두고 있다. 주요 수행 프로젝트로는 카자흐스탄 국립박물관 전시공사 기획 및 설계, 시공(국제공모 당선), 몽골 울란바토르 고고학박물관 전시설계(국제공모 당선), 세계 최대 규모의 아스타나 수도 이전 도시계획모형(40m×60m) 기획 및 제작 총괄, 이 밖에 금산인삼박물관, 경남과학교육원, 남명조식기념관 등 다수의 국내 전시 프로젝트를 진행한 바 있다.

2008년부터 (주)디자인비아트를 창업하여 대표이사를 맡고 있으며 2017년부터는 미국 워싱턴 DC에 설립한 회사인 Design be Art USA Inc의 대표를 겸하고 있다. 현재 삼성물산, 대우건설, 현대건설, GS, 대림 등 국내 주요한 건설사들의 협력업체로서 여러 건축모형 프로젝트들을 성공적으로 수행하고 있다.

디지로그 리얼리티(Digilog Reality)

초판발행	2025년 1월 20일
지은이	김진만
펴낸이	안종만·안상준
편 집	이혜미
기획/마케팅	최동인
표지디자인	MAY COMMUNICATION
제 작	고철민·김원표
펴낸곳	(주) **박영사**
	서울특별시 금천구 가산디지털2로 53, 210호(가산동, 한라시그마밸리)
	등록 1959.3.11. 제300-1959-1호(倫)
전 화	02)733-6771
f a x	02)736-4818
e-mail	pys@pybook.co.kr
homepage	www.pybook.co.kr
ISBN	979-11-303-2169-1 03320

정 가   19,000원